ちくま新書

日本人の思考
——ニッポンの大学教育から習性を読みとく

苅谷剛彦
Kariya Takehiko

1855

日本人の思考——ニッポンの大学教育から習性を読みとく

【目次】

はじめに――大学教師としての私

ニッポンの大学教育に違和感や疑問を感じてきたことが本書を書こうと思った動機の一つです。その違和感の正体についてはこれから論じていきますが、その前に、私が違和感を感じる背景というか、文脈というか、そういうことを最初にお伝えしたいと思います。それは大学教師としての「自分語り」になります。私のことをご存じない読者にとっては私の自己紹介にもなるでしょう。

私が初めて「大学」で教える経験をしたのは、一九八八年の夏でした。私が社会学のPh.D.の学位を取ったアメリカのノースウェスタン大学の教育系大学院のサマーコース（とはいえ単位認定もする正規の学期です）で教えたのです。前年末に学位を取った私は、指導教授であったJames Rosenbaum教授との共同研究をその後も進めていました。アメリカの社会学会での発表や、学術誌に投稿する論文執筆のための研究です。それを続けるために夏にアメリカに二カ月ほど滞在しようと思いたちました。そのとき、教授から、大学院の夏学期の授業を担当すれば、そのお金で渡航費も滞在費もまかなえるというとても魅力的な提案を頂きました。そして、幸いにも教授の推薦もあって大学院の授業を担当することになりました。

博士号取得のための口述試験を一九八七年一二月に無事に終え、その翌年の一月から私は（今は放送大学に統合された）放送教育開発センターという国立大学共同利用機関（当時）に勤め始めたところでした。研究を主たる仕事とする勤め先だったので、大学教師としての仕事はまだありませんでした。ですから、私が初めて大学教師になったのは、アメリカの大学でということになります。そして、その夏の二カ月ほどアメリカの大学院で教え、その間研究も進めるという計画が、私の上司を含め同僚たちの寛大な理解によって可能になったのです。

その時の様子は、『アメリカの大学・ニッポンの大学』（玉川大学出版部、一九九二、のちに中公新書ラクレ版として出版）に書きました。大学教師になりたての経験、感覚を「新米教師のアメリカ学級日誌――もうひとつの日米教育比較考」という章のタイトルに込めました。

この本の「あとがき」にはつぎの文章があります。

ここに収めた論稿のほとんどは、私自身の大学教師としての「現場意識」が生まれる以前に、いいかえれば、大学教師としての「ハビトゥス」が形成される前に書かれたものである。その意味では、新米教師が「異文化としての大学」になじんでいく、あるいは抵抗していく過程で書かれたものといってよい。（中公新書ラクレ版、二五九―二六〇頁）

最初に大学教師になったのがアメリカの大学であり、そこでは自分が大学院生として学んだ経験をもとに教えることができたのであり、その後、日本の大学でも教えるようになることで、ここでいう「ハビトゥス」が形成されていった、といえるのかもしれません。ただ、最初の経験が日本とは文字通り「異文化」のアメリカの大学であったことから、私の大学観は当初から、日本の大学院を終えたあとに日本の大学で教え始めた多くの日本の大学教員の方々とは違ったものになっていたのかもしれません。

このときの新米大学教師としての私の教え方は、私自身がアメリカの大学院で受けた授業のスタイルをなぞるものでした。当時まだ日本ではほとんど知られることのなかった「シラバス」を書き、そこには、これも日本ではほとんどなかった、毎回の授業で学生に事前に講読を求めるリーディングリストを載せました。その時の経験は前掲書に詳しく紹介されています。シラバスというものがまだ日本ではほとんど知られていなかったときだけに、それが大学教育においてどのような役割を果たしているかを、「日米教育比較考」としてまとめたのが、前述の章になりました。さらには学生たちに「オフィスアワー」と称する、その時間帯は自由に私の研究室に来て質問や議論のできる時間を設定するなど、自分自身が大学院生として経験したアメリカ流の教え方を徹底したのです。もちろん、授業の進め方も講義形式ではなく、毎回リーディングリストのテーマをもとに学生に質問を投げかけたり、学生同士の議論を促したりするものでした。中間のエッセイや最終のエッセイもかなりの分量の「論文」とも言える課題を出しました。授業のあとにはいわゆる学生による授業評価も受けました。これらは当時まだ日本ではほとんど実践されていませんでした。ですから新米教師ながらもそのような体験記を自分なりの比較社会学的視点からまとめ、このような本として出版したいと考えたのです。つまり、日本の大学の教え方に馴染む前に（結局は馴染めませんでしたが）、このような夏のコースを二年間教えた経験が、私の大学教師としての出発点にあったのです。

先の文章にある、「「異文化としての大学」に馴染んでいく、あるいは抵抗していく過程」というところを今読んでも、私はかなり早い時期からニッポンの大学に、「抵抗」ということばを選んだほどの違和感を抱いていたことが思い起こされます。そして「異文化としての大学」への抵抗は、そう簡単に消えることなく、その後も続くことになります。

一九九一年に私は母校である東京大学教育学部教育社会学コースの専任講師に任命されました。いわば日本での大学教師としての「本格的デビュー」は、この年に始まります。先ほど紹介した『アメリカの大学・ニッポンの大学』の出版が一九九二年九月ですから、東大着任後の一年半ほどでこの本の原稿をまとめたことになります。「あとがき」に示された初期体験の——自分で言うのも変ですが——初々しい感覚は、大学教師としての一歩を踏み出したばかりのころにまとめた本だからでしょう。

大学という組織の正式のメンバーとして、教育や研究だけでなく、入試を始め、いろいろな委員会や教授会への出席などさまざまな行政的な仕事もまかされるようになりました。さらには卒論や修士論文、博士論文の指導や審査にも当たるようになります。その後この大学で、助教授、教授として二〇〇九年九月まで勤めることになります。ただ、私の場合ちょっとユニークなのは、二〇〇八年一〇月からの一年間はオックスフォード大学との兼任（正式のクロスアポイントメントではありませんでした）のような形になったことです。一〇月から翌年三月まではオックスフォードで教え、二〇〇九年四月から九月末まで東大で教える、そういう時期を経て、二〇〇九年一〇月からはオックスフォードだけの正式の教員になり、二〇二四年九月末の定年を迎えることになるのです。

本書の副題が示すように、テーマとするのはニッポンの「大学」です。四年制大学への進学率が五六％を超えた二〇二四年現在、大学は少数の人びとにとってだけの関心の的ではなくなりました。大学は「身近な」テーマです。そして、すでに大学（教育）については多くが論じられてきました。体験的な大学（教育）論もあれば、よりアカデミックな大学（教育）研究もあります。それらに屋上屋を架すような議論であれば、本書の存在意義はないのかもしれません。私にとってはある種のチャレンジになりますが、本書では私なりにできるだけ独自の大学論を展開したいと思っています。タイトルとサブタイトルを併せると、本書の主題が「思考の習性」であることが示されています。かなり大げさなテーマなのですが、それをニッポンの大学から読みとこうというのが本書が具体的に行う知的な作業です。日本で共有されてきた大学についての見方や理解の根底に含まれる考え方の習性《クセ》——通常はあまり気づかれることのない、あるいは疑われることのない「常識」——を明らかにすることで、日本人の思考に迫っていくことができると考えたからです。

ただ、常識論への疑問を手がかりに日本の大学教育に埋め込まれた「思考の習性」を明るみに出すと言っても、それだけでは一冊の本にするだけの面白みに欠けるのではないかとも感じています。せっかくこのような出版の機会をいただいたのですから、少しばかりチャレンジをしたい。これまで私自身も大学についていくつかの本を上梓してきましたが、それらとはひと味違うものにしてみたい。現時点ではそのように思っています。

本書では、このようなテーマを発展させる過程自体を表に出しながら、いわば、リサーチのプロセスをできるだけ具体的に紹介していくことで、読者の皆さんにもそれに付き合っていただき、「(日本人の)思考の習性」がどのように明らかになっていくかを（追）体験してほしいと願っています。ニッポンの大学教育に埋め込まれた日本人の思考の習性の解読という知識社会学研究の「メイキング・オブ」を同時に書いてみたい。つまり、私自身がこの問題に取り組む際の試行錯誤の過程を（失敗や行き詰まりを含め、恥じらいもなく?）紹介することで、読者の皆さんにも私に伴走してほしいと願うのです。そのような追体験の同時進行を書き進めることで、社会学的に教育を研究する際の私自身の研究へのアプローチの仕方についても体感してもらえるのではないかという期待です。

このような試みがとてもチャレンジングであることは私なりに承知しています。それでも、編集担当者との打ち合わせの過程で私はこのようなチャレンジを自分に課してみたいと思いました。それというのも、その依頼があったのは、ほぼ二年後に私がオックスフォード大学で定年退職を迎え、三五年近くにわたって経験してきた大学教師という役割を終えることになる時間と重なることを意識したからでした。

実は本書は、筑摩書房のPR誌『ちくま』への連載として執筆された原稿がもとになっています。この連載は『ちくま』二〇二三年五月号から二〇二四年一一月号まで一九回にわたって掲載されました。大体二カ月前には毎回の原稿を提出していましたから、本書のもととなる原稿の執筆は、二〇二三年二～三月頃から、二〇二四年九月まで続いたことになります。つまり、本書の執筆は、現役の大学教師として、いわば最終コーナーを廻ってからゴールを駆け抜けるまでの私自身の教師人生の軌跡と重なります。そのゴールを目指して、自分なりに大学とは何であるか、大学で教えるということはどういうことかについて、これまで積み重ねてきた経験とそこで得た知識を駆使して、書いていきたいと思ったのです。

ただし最初に一つ言い訳を述べさせてください。日本にいるときにはいくつかの大学で非常勤講師を務めたり、集中講義もしましたが、私の専任としての大学経験は、とても偏っています。専任として勤めたのは東大でのおよそ一八年間と、オックスフォード大学での一六年間、ということになります。日本の中でも東大は特殊なポジションを与えられていますし、オックスフォード大学の特徴は（ケンブリッジを除き）イギリスのなかでも特殊です。これでニッポンの大学について語ることができるのかと疑問を感じる方がいるのは当然です。

ただ、限定された実体験に加え、教育を社会学的に研究してきたこれまでの私の経験もまた、何らかの視座を与えてくれるはずです。留学時代や在外研究を含めれば二〇年以上海外の大学（それもアメリカとイギリスという二つの国の大学）に在籍した経験も、特殊とは言え、新たな視点を与えてくれるはずです。本書では、できるかぎり前述の疑問を払拭できるような議論をしていくつもりですが、あらゆる議論がそうであるように、長所もあれば短所もある。当然視野の限界ということはどの著者にもあてはまります。ただ、そのことをどのように意識しつつ、自分なりの論を――長所を生かし短所をできるだけ抑えて――展開していくか。そこに論者としての強みも弱みも出てくると私は考えています。

前述の通り、本書は『ちくま』への連載をもとにしています。今回、その連載をまとめて一冊の新書として出版するにあたり、本としての体裁を整えつつ、同時に連載執筆時の時間の流れを崩さないように努めました。そのことをあらかじめお伝えしたいと思います。

第1章　大学の「大衆化」とは何かを問い直してみる

†ニッポンの大学は「多すぎる」のか？

先の「はじめに」で、私の大学教師としての経験がきわめて偏ったものだと書きました。その裏返しは、日本には多くの、しかも実に多様な大学が存在しているという事実です。そして、その多様性に応じて、それぞれの大学が異なる問題や課題を抱えていることは容易に想像できます。その個別の問題をカバーすることは私には到底できません。それでも、そのような事実が存在すること自体については、別の角度からアプローチすることができます。

日本には二〇二四年五月現在、七九六校の四年制大学があります。そこには、およそ二六二万九〇〇〇人の学生（学部生のみ）が在籍しており、本務教員だけでも一九万人の大学教師が働いています。これがどれだけの規模かというと、新制大学が戦後に発足した直後の一九五〇年の時点では四年制大学の総数は二〇一校に過ぎませんでした。この七〇年近くでほぼ四倍になったことになります。学生数で見ても、一九五〇年は旧制大学時代に入学したものを含めてもおよそ三一万人に留まりました。現在はそのおよそ八・五倍になっています。教員数についても一九五〇年時点ではおよそ一・一万人ですから、これはおよそ一七倍になっています。

このような拡大が、主に私立大学の拡張によってもたらされたことはよく知られた事実です。一九五〇年の二〇一校の四年制大学のうち、私立校は一〇五校とほぼ半数に過ぎませんでした。それが二〇二四年になると全七九六校のうち五九二校が私学です。割合で見れば七四％になります。在学者数の推移を大学の設置者別に見たのが図1です。これを見ても、在学者の増大が私立大学に学生が吸収されることによって可能になったということが一目瞭然です。

進学率が四年制大学だけで五六％を超えていると冒頭に述べました。日本の大学の入学者のほとんどが一八歳なので、同年代の半数以上が大学で学んでいることになります。こ

図１　四年制大学の在学者数と進学率の推移（学校基本調査）

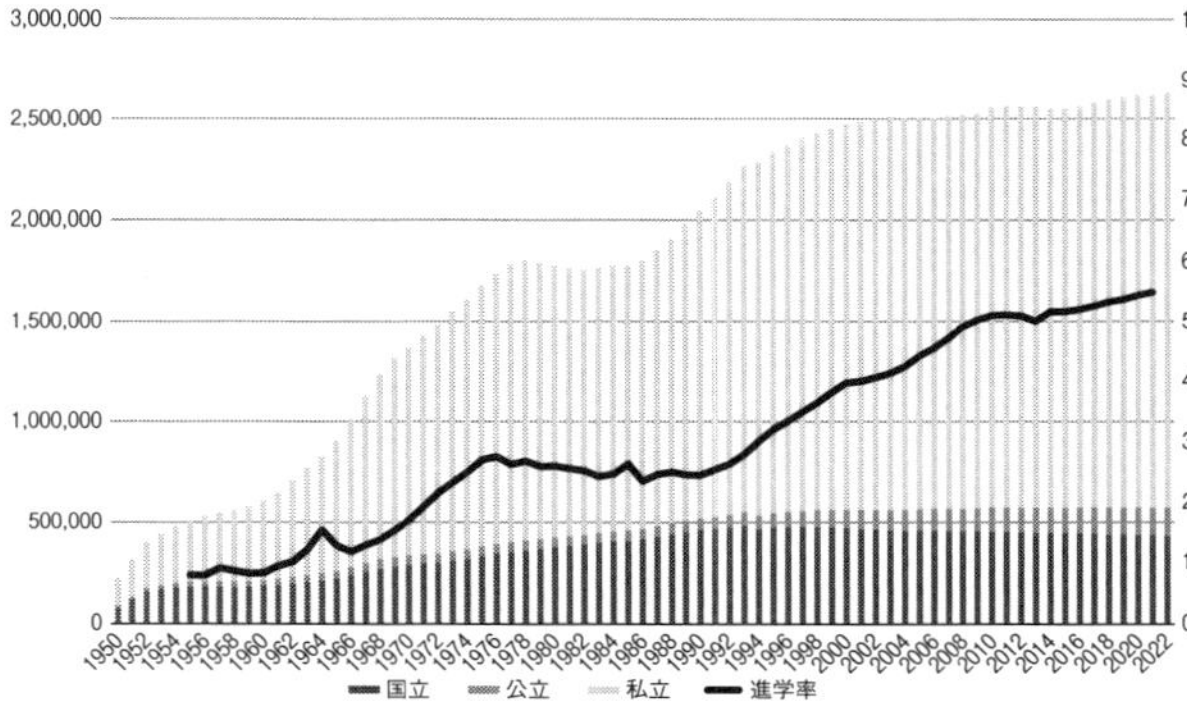

のこと自体「違和感」の一つになります。なぜなら他の先進国では入学者の年齢にもっとばらつきがあるからです。そして、これも違和感の一つになりますが、入学者のほとんどが卒業します。ですから、今の若い世代のほぼ半数は大学卒の学歴を得ているといってもよいのです。

数字を中心に紹介してきましたが、このような大学教育の拡張をどのように見るか。多すぎると見るか。それともまだまだ少ないと見るか。大学教育の量の面では、適正な規模というものがあると考えるのか。これらの問いにどのような答えを与えるかによって、国の大学政策も、あるいは社会が大卒者をどのように迎え入れるかも違ってきます。たとえば、大学の数が多すぎるから、大学間の統廃合を進めようといった政策提言などを思い浮かべればわかるでしょう。あるいは大卒学歴の価値が最近は下がったとか、最近の大卒者の質は云々かんぬんといった発言にも、これらの問いへの答えが――自覚的か否かは別として――反映しています。

このような問題に対する一つのアプローチは、経済学的なものです。大学の拡張にかかる費用に見合った収益が得られるかどうかを、個人レベル、あるいは社会レベルで、さまざまな統計資料を用いて計算し、費用＝投資に見合う収益があるか否かによって、大学は多すぎるか、まだ少ないか、あるいは適正な規模はどのくらいかを判断しようとするものです。ここでとられる経済学的なアプローチ（教育の収益率の計算）は、ある意味とても普遍的で「科学的」な方法に依拠したものであり、信頼も置けます。ただ、海外での経験をしてきた社会学者の立場から見ると、そこで使われる様々な統計（数字）自体が生み出される過程には、日本の教育システムや雇用システムの特徴が入り込んでいます。それは歴史的に形成されたものであり、なおかつ、ほかの先進国には見られない特徴も多々含まれています。たとえば、先に述べた入学者のほとんどが高卒直後の若者に限られることや、日本の企業への就職の仕方や内部昇進、あるいは賃金上昇の仕組みなどなど。使われる統計を生み出すプロセスには、日本社会の特徴が埋め込まれているのです。もちろん、それでも計算はできますし、その結果には意味があります。

ただ、私はそのような方法とは別のやり方で考えてみたい。日本社会はどのようにこうした大学の拡張を理解してきたのか。そのことを掘り下げることで、今日に至る、これだけの大学教育の規模をもつに至った、いいかえれば日本社会がそれを許容してきた理由について考えてみたいのです。

それがどのようなリサーチになっていくかはこの時点では私にも分かりません。だから、ここからは「メイキング・オブ」になります。ただ、一つだけ見当をつけておけば、このような大学の拡張をどのような言葉で日本社会が認識し、理解し、受けいれてきたのかを考えてみたいと現時点では思っています。そして、その最初の手がかりとするのが、「大学の大衆化」です。この言葉にこだわることで何をどこまで明らかにできるのか。それが面白い研究として功を奏するかどうかはまだ私自身にも十分な見通しがあるわけではありません。

†なぜ「大衆」にこだわるのか

先に新しい研究プロジェクトとして、大学の大衆化というテーマについて、「大衆」という言葉自体にこだわって考えてみよう、それが、研究として成立するかどうかを試みてみよう、と書きました。まずはどのようにすれば、とくに「大衆」とか「大衆化」という言葉や概念に焦点づけることで、独自の研究を展開できるかを考えてみました。参考になる文献も読み始めました。

その中身にはいる前に、なぜ「大衆」という言葉にこだわって今回の研究を始めようと思ったかという理由について少しばかり紹介しておきたいと思います。それは私自身の研究の原点に当たる、研究者としての過去を振り返りながら、その過去とこれから進めようとする研究とがどのようなつながりを持つかを、読者の皆さんに知ってもらうと同時に、研究を進める上で、研究者がそれまでの研究で得てきた経験や知識をどう使うのかをわかってもらうための試みにもなります。別の言い方をすれば、教育を社会学的にこれまでずっと研究してきた私という研究者のアイデンティティの形成というサブテーマにも連なるでしょう。

私は一九九五年に『大衆教育社会のゆくえ』という本を中公新書として出しました。三九歳の時でした。かれこれ三〇年近く前に行った研究がもとになっています。東京大学教育学研究科の専任講師になったときに始めた研究プロジェクトでもありました。

この本のタイトルが示す「大衆教育社会」というのは私の造語です。「大衆教育」と「大衆社会」をつなげることでこの概念を考えました。当時、「学歴社会」とか「高学歴社会」ということが言われていて、そうした現象を一度相対化するためには、このように一般的に使われている言葉から一歩離れた、いわば学術的な用語＝分析概念が必要だと考え、この「大衆教育社会」という耳慣れない言葉を作ったのです。

今はこの本の内容に深く入り込むことはできませんが、一言で言えば「大規模に拡大した教育を基軸に形成された、大衆化された社会のこと」とこの本では定義しています。そして、一九七〇年代中頃にこの大衆教育社会は成立したと私は考えました。今から考えれば、それほど深く考えずに「大衆」の語を使いました。せいぜい、その頃の知識であった教育の大衆化とか、社会学の大衆社会論などが頭の中にあったのだと思います。

この本の重要なテーマの一つは、当時日本の教育学研究の主流派の中で形成された、「能力主義的差別」を日本の教育の元凶の一つとみる見方への挑戦でもありました。戦後日本の教育における平等主義を理解する上で、このような見解＝思想が知識社会学的に見て重要な対象だと思い、かつそれが大衆教育社会という枠組みを使うことである程度説明できると思ったのです。日本の教育学をリードする研究者、とくに東大教育学部の先輩教授陣への批判を含んだ議論でもありました。アメリカの大学院で社会学のPh.D.を取得した私から見て、当時の主流派教育学の議論には、ある価値前提というか、イデオロギーが染みついているように思え、それにどうしても馴染めなかったのです。この日本的な能力主義観や平等理解と「大衆」との関係については、今では別の視点から気になっています。それについては本書の中で後に「大学の大衆化」というテーマを発展させる過程でも論じることになるでしょう。

さて、それから随分と時間が経ち、やがて私は、この大衆教育社会論を再論してみたいと考えるようになりました。二〇〇四年にアメリカにおける大衆教育社会の源流（より正確に言えば、機会の平等というアメリカに源流をもつ思想と教育とが遭遇する歴史）を探る研究として『教育の世紀』（弘文堂。二〇一四年に増補版としてちくま学芸文庫に）を出しました。さらに二〇〇九年には、戦前戦後の教育財政の仕組みを対象とした「知識社会学的研究」として『教育と平等――大衆教育社会はいかに生成したか』（中公新書）を出版しました。財政の動きに隠された「知識」が、日本の教育の平等理解に埋め込まれているのではないかというアプローチをとった研究でした。いずれも一九九五年の『大衆教育社会のゆくえ』の延長線上にある問題意識――戦後日本社会は教育を通じていかに形成されたか――から行った研究の成果です。そして、これらに続く、いわば大衆教育社会論の四つ目の大きな研究プロジェクトとして、今度は「大衆」という言葉＝概念自体にもっとこだわってみる、知識社会学的な研究を展開しようと思ったのです。

「大衆」をめぐるこのプロジェクトの開始は、二〇二一年八月に遡ることができます。三年後のオックスフォード大学の定年退職までにおおよそ研究を終え、そのあと一年くらいかけて本として出版しようという大まかな計画を立てました。二〇二二年には一年間のサバティカル・リーブ（研究休暇）をもらい、八カ月ほど日本に滞在して、国会図書館や東京大学の図書館を利用して文献の収集と講読を続けました。入手できそうな古本もネットで何冊か購入し、日本滞在中に読み続けました。

大学の「大衆化」というテーマは、その一環というか一部として思いついたものです。もちろん、この段階では、たんに大衆教育社会の定義、「大規模に拡大した教育を基軸に形成された」という部分に含まれる教育規模の拡大を、大学に当てはめてみようという程度のアイデアでした。ただ、その際に、量の拡大だけでなく、「大衆」の語の意味を深掘りすることで、何か新しいことができないかと考えたのです。

†ChatGPTは「大学の大衆化」についてどんなことを教えてくれたか

このテーマで研究を進めるにあたって、半分は遊びを兼ねて、最近話題になっているChatGPTに「大学の大衆化とは何か、教えてください」という質問をしてみました。最初に出てきた回答が次の文章です。

大学の大衆化とは、より多くの人々が大学に進学し、高等教育を受けるようになることを指します。これは、過去に比べて高等教育がより広く一般の人々に開かれ、より多くの人々が教育の機会を得ることができるようになったことを示します。

大学の大衆化は、社会の経済的、政治的、文化的な変化によって引き起こされました。経済的には、高度な技術と知識を要する仕事が増え、それに対応するために高等教育が必要となったことが一因です。政治的には、民主主義や平等な機会の概念が普及し、教育に平等なアクセスが求められるようになりました。文化的には、知識や教育を重視する傾向が強くなり、高等教育を受けることが一般的な目標となりました。

大学の大衆化により、より多くの人々が高等教育を受け、人々の能力や才能を引き出すことができるようになりました。また、社会全体の発展に貢献する高度な知識や技術を持つ人材が増え、経済的な発展にもつながっています。ただし、大学の大衆化には課題もあり、大学教育の質や学位の価値、大学の役割や使命などについて議論が続けられています。（二〇二三年四月四日調べ）

さまざまな情報を機械的に「学習」したＡＩが作り出した文章には、間違った情報も含まれると言われますが、私の目から見てこの文章は、ある程度、大学の大衆化をめぐる主要な論点を含んでいるように思います。平均的な回答といってもよいかもしれません。ＡＩがデジタル情報として利用可能な情報を大量に集め、それらをもとに文章を機械的に作文したのだとすれば、そこに含まれるのは、広く流通している情報とみてもよいのでしょう。その意味で平均的であるということは、一種の「常識」的な回答を示しているといえるのかもしれません。そして、この短い文章を小論文とみなして大学教師として採点するとすれば、間違ってはいないので合格点を与えることはできても、独自の議論を展開しているようには見えないので、私なら高得点はあげないでしょう（注：本書をまとめる時期［二〇二五年一月］に同じ質問をすると、情報量が増えていました。それでも「常識的」な回答であるという印象は変わりませんでした）。

ではそのような「平均的」な回答には大学の大衆化をめぐってどのような情報が含まれているのか。それを見てみましょう。

一つには、大衆化を量的な拡大と見なす見方が最初に登場しています。これは大衆という言葉がmassという量的意味を最初に持った歴史から見ても当然のことです。次に、その大衆化を引き起こす原因というか要因というものにも触れています。そして最後に、大学の大衆化の影響について、ポジティブな面とネガティブな面を含めて書かれています。大学の大衆化が社会や経済の発展につながっていることがポジティブな影響であり、大学教育の質や学位の価値（の低下）といった課題があることはネガティブな影響とみてよいでしょう。主要な論点をカバーしていますが、この議論にはオリジナリティはありません。確率論をアルゴリズムに含んだ、ＡＩによる機械学習が作り出した文章としては当然なのかもしれません。

そこで、さらにChatGPTに「大学の大衆化について、これまでにない議論を紹介してください」とか、「オリジナリティのある議論を展開してください」とか、「学術的に価値のある議論を展開してください」といった質問をしてみました。ここではその回答を紹介する余裕はありませんが、私から見れば、どれも平均的で凡庸なものでした。今の学習段階では、ChatGPT にレポートの代筆を頼んだとしても、平均点並みの成績で終わるでしょう。

このような試みをしたのは、たんに最近はやっている ChatGPT を試してみたかっただけではありません。この後に展開する「大学の大衆化」論について、私独自の議論に展開の余地があることを確かめるという意味もありました。おそらくは平均的で常識的な回答が返ってくるだろうことを予想しつつ、それとは違う議論を展開できそうなのかどうか。私自身のオリジナリティを判断するための試みでもあったのです。少なくともこれらの回答を見る限り、私がやろうとしていることには可能性がありそうだという感覚を得ることができました。

†大学教育とＡＩ

本論に入る前に、この ChatGPT と大学教育について、少しだけ脇道にそれた、しかし、後の議論にも関係してくるサブテーマについて議論をしてみたいと思います。それは、今後このようなＡＩによる文章の生成がより広く情報を集め、高度化することが大学教育に及ぼす影響についてです。このテーマ自体、大学の大衆化とも関連しそうな問題です。

　大学の授業で課されるレポートの執筆において、このようにChatGPTを使って解答する学生が多くなっていくことが予想されます。情報量が今以上に増え、かつより多角的な議論もＡＩの学習に取り込まれることで、たとえば来年の今頃同じような質問をChatGPTにしたら、違った（あるいはすぐれた）回答が出てくるかもしれません。日々進化し続けるこのＡＩが大学教育に及ぼす影響は膨大なものになると予感されます。アメリカの大学の中には学生がレポート執筆にChatGPTを利用することを禁止した大学もあると言います。

　私が所属していたオックスフォード大学でも、二〇二二年一一月にChatGPTが出現して以来、その利用をめぐって多くの議論が飛び交いました。その翌年の二月初旬には全学生宛に、許可された場合を除き、成績評価の対象となる試験やレポートなどの作成に学生がChatGPTを使った場合には処罰の対象になるというメッセージが送られました。他方、教師たちがこうした新しいツールをどのように教育に生かすか。それについてのワークショップも開かれました。英語でのChatGPTの性能が高いだけに、その影響をめぐる議論も英語圏でより進んでいるようです。その利用をまったく禁止してしまうのがよいのか。

それともその賢い使い方を含めて、大学教育の中で生かしていく方向がよいのか。このように世界的規模で生じている大きな変化は避けることはできませんので、規制するだけではすまない問題だと思います。大学で何を学ぶべきか。大学自体の存在理由にも関わってくるでしょう。

もちろん、今後のＡＩ技術の進化は予想できないスピードで進んでいくでしょう。そのときに、よくある指摘ではありますが、人間にしかできないことは何か、という問題が必ずその進化に応じて出てきます。情報を扱う多くの仕事をＡＩに任せる時代がすでに到来しているとしても、ＡＩによる過去の「情報」の組み合わせと、私たち人間が何千年と行ってきた「知識」の生産ははたして同じことなのか。大学の使命ともいえる知識の生産と再生産という仕事の意義は、その進化に応じてどのように変えていけばよいのか。こうした課題がすでに現実のものとなっていることを、たかだかいくつかの質問をChatGPTに投げかけてみた経験から感じました。

ただ同時に思ったのは、質問によっては不正確な情報が混じってしまう可能性や、回答の優先順位については必ずしも重要度に応じて並んでいるわけではないという印象をどう受け止めるかです。情報の正確さや重要度の判定には、読み手の知識が不可欠です。どんな質問をするかについても同様です。とくに追加の質問の仕方によって回答に変化が出てくることを見れば、質問の質とその並べ方の判断は重要なポイントになります。ChatGPTはICTの環境さえあれば、誰にでも手の届くところにあります。別に難しい入学試験を突破することがなくても、そこにアクセスすることはできます。ただ、それをどのように使いこなせるかということについては、まだまだ私たち人間の側の「学習」も不可欠です。ただし、その学習の中身＝知識をどのように考え直すのかという課題は、確実に私たちに突きつけられています。この大きなテーマについては、本書でも今後触れることになると思います。

閑話休題。さて、「大学の大衆化」のテーマに戻ると、先に引用したようなChatGPTの回答が平均的で常識的で、さまざまな質問をしてもその答えがどれも凡庸であることを確認した上で、それでは私でなければ立てられない問いは何かということを考えてみました。そのために、もちろん、先行研究についても調べました。その限りではありますが、まだこれから私がやろうとしているテーマを本格的に扱った研究はなさそうです。

私というひとりの人間がこだわってきた、あるいは私というひとりの研究者がこれまで三〇年近くにわたって行ってきた研究の蓄積に照らして、私にしかできない問いを立てたい。あるいは問い自体はChatGPTに聞いたものと同じでも、それに対して私なりの答え方のアプローチが何かを考えてみる。次にその試みの初期段階についてもう少しつっこんだ（メイキング・オブ風の）話をしたいと思います。

†大学の大衆化について研究を始める：知識と知識をつなぐ試行錯誤

私はある大きな研究プロジェクトを始めるときに、Wordのファイルを一つつくります（一つ、というのがポイントです）。そしてそこに、読んだ文献の中でいつか使えそうだと思える箇所の要約や直接の引用を書き込みながら、それらが今後どのような知識として使えそうか、その時点で考えたアイデアを書き記していきます。文献の情報とそれを記述した日付も書いておくことで、毎日記入するわけではありませんが、一つの大きな日記のような研究ノートがつくられます。ともかく、そこに、何でもかんでも関係のありそうなことを残していくのです。

今回の場合には、大衆教育社会論について新しい研究をするぞ、という意気込みでおよそ今から四年前（連載執筆の二年前）からこのノートに書き込みを始めました。これはいわば、大きな方向性だけを決めて知識を蓄えていく私の方法です。これまでにも、大きな本を書く度に、このような研究ノートを作ってきました。今のプロジェクトの一つ前の日本の近代化理解についての研究（『追いついた近代　消えた近代』岩波書店、二〇一九）の場合、研究ノートはＡ４判で四四九頁になりました。八年半にわたってつくったノートです。

今の研究ノートもすでに二三〇頁を超えています。ですから、今回本書で展開する大学の大衆化というテーマも、まったくゼロからのスタートではなく、すでに四年近くにわたって私が「大衆」について研究してきた知識を前提にしています。ただ、これまでの研究ノートでは、大学に焦点を合わせた記述はほとんどありませんでした。言い換えれば、大衆教育社会についての研究を拡張するためのテーマとして、大学の大衆化について考えてみたいと思ったのです。そのきっかけの一つは、本書のもととなった『ちくま』の連載を開始することでした。そのこと自体は偶然ですが、その連載で大学について書くことを決めた時点で、大学の大衆化を自分の大衆教育社会論研究に生かせないかと考えたわけです。

†「大衆」の発明

すでに私は、大衆という言葉が一九二〇年代に西洋語の Masses や mass からの翻訳語として「発明」されたことを、有馬学さんの『「国際化」の中の帝国日本』（中央公論新社、一九九九）という本から学んでいました。この本の存在を知ったのは、新倉貴仁さんの『「能率」の共同体』（岩波書店、二〇一七）を読んだときに、そこに有馬さんの研究への言及があったからです。いわば、芋づる式の情報です。こういうことが起きるから、何でもかんでも関係のありそうなことや、後で使えそうな情報をノートに書きためておくのです。

この有馬さんの著書によれば、大衆の語は一九二〇年代初頭に「発明」されました。有馬さんの研究から、その部分を引用すれば、

第一次護憲運動やシーメンス事件で議会を取り巻いた人間の群れは、「民衆」であり、あるいは「群衆」であった。もっとさかのぼって、明治社会主義者が結成したのは「平民」社であった。同じように普通の人々の集団を指示するのであっても、そこにはこれらの言葉で的確に表現できない何かがあると考えた人物が、「大衆」という言葉を与えたのだ。

その意味で、「大衆」は発見されたというより、発明されたのかもしれない。発明者は、純粋の左翼ではなく、一九一八（大正七）年に早くも国家社会主義を唱えて売文社

を分裂に導いた、あの高畠素之である。一九二一年に彼らが組織したのが大衆社、機関紙は『大衆運動』であった。（有馬一九九九、二七三頁）

このような知識を得て、今度は朝日新聞や読売新聞のデータアーカイブを使って戦前期に「大衆」という言葉がどのように使われたかを調べました。また神戸大学経済経営研究所の新聞記事文庫も戦前期の新聞記事の探索にはとても役立つアーカイブで、これも使いました。このようにして戦前の新聞記事の探索を行うと、大衆のついた表現が一九二〇年代から三〇年代に広まっていくことがわかりました。例えば、「大衆文芸」「大衆文学」「大衆作家」「大衆科学」「大衆医学」「大衆演劇」「大衆車」「大衆演芸」「大衆料理」、一九四〇年代に入ると「大衆魚」「大衆食堂」といった表現も出てきます。

これらの例からわかるように、大衆という言葉は、その対概念として「上級」とか「高級」とか、あるいは文学の場合であれば「純文学」、科学や医学の場合であれば「専門（的）」といった対象を想定して、それ以外の多数の人びと向けの何かを言いあらわす場合に使われています。さらに、そこには「低級」とか「低廉」とかいったことも含意されています。

もう一つの発見は、大衆という言葉が何にでも接続できる、そして意味を曖昧化した表現として使われていることです。大衆の語を調べていたときに見つけた、戦前の雑誌の中で最大の読者数を誇った大衆雑誌『キング』一九三四年一月号の附録、『新語新知識・附・常識辞典』では、「大衆」が次のように定義されていました。

漠然たる言葉で、定義づけることは困難であるが、一般の人民を指すこともあり、比較的智的程度の低い人々を指すこともあり、単に多くの一般民衆の意に用ひられることもある。（大日本雄弁会、講談社、一九三四、二二〇頁、国立国会図書館デジタルコレクションより）

「一般の人民を指す」「比較的智的程度の低い人々を指すこともある」としながらも、「漠然たる言葉で、定義づけることは困難」とあるように、包括的かつ曖昧さを含んだ言葉として同時代に流通していたことがここからわかります。

このような「大衆」という言葉の「発明」と普及とその特徴について、これまで研究ノートに書きためていた部分をもとに確認した上で、とりあえず私は、次に高等教育の大衆化についての文献を調べ始めました。この時点では、正直に言って、高等教育の大衆化と戦前に「発明」された大衆の語との関連性を考えることで、どんな研究になるのかはまだわかっていません。それでも、大衆と関連づける、もう一方の対象である高等教育の大衆化についても調べておこうと思ったのです。

†メイキング・オブ：試行錯誤という知識と知識をつなぐ思考

このように研究の過程では、行ったり来たりすることがままあります。最初からストレートに行き先がわかっているわけではありません。過去に学んだ知識の記憶をたどったり、いずれ使えそうだと思って書き記しておいた知識をたぐり寄せたりしながら、知識と知識の結び目を見つけようとする。そういう、まだ先の見えない段階での、文字通り試行錯誤が必ず研究の初期段階には含まれます。すべて方針が固まってから研究を進める方が効率的なのかもしれません。しかし、こういう試行錯誤の過程自体が、新しいリサーチ・クエスチョンを探したり、ユニークな解答方法を考えたりする上で、回り道ではあっても必要なのです（しかもそのプロセス自体が楽しい！）。

この段階では、まだまだモヤモヤしていますから、この先どうなるのだろうという不安や、原稿の締め切りなどがある場合には、間に合うだろうかと言った焦りも出てきます。こうした条件によって、この試行錯誤の時間をどれだけとれるかが違ってくるのは当然です。それでも私はこのような初期段階で、ある知識と別の知識をつなげて考えてみる試行の段階は不可欠だと思っています。そこを素通りしたり浅くしてしまったりすると、既知の事柄の繰り返しになったり、すでにほかの誰かが論じていることをこぎれいにまとめるだけの研究になってしまいます。これではChatGPTの出す「回答」と何ら違いはありません。それを避けるためにも、ある知識からスタートしつつ、それがどんな別の知識と「遭遇」するのか——必ずしももくろみ通りに進むとは限りませんし、偶然の出会いのようなものが研究の方向を変えることもあります——それを楽しむような気持ちで、研究の初期段階での試行錯誤を繰り返すのです。

†戦前日本の高等教育と研究の進化

さて、そこで私が最初に目を付けたのは、私の記憶の中にあった天野郁夫先生の戦前の旧制専門学校についての研究でした。この分野では、東京大学大学院時代の恩師であった天野先生の研究が有名で、ずいぶん前から私もその研究に接してきました。そのときのぼんやりとした記憶で、天野先生が、その後日本の高等教育の大衆化を担うことになる私立専門学校の拡大が一九二〇年代、三〇年代にあったことを指摘していたのを思い出し、関係する本を久し振りに再読したのです。当然ながら、そう思いついたのは、すでに大衆の語がこの時代に「発明」されていたことを知っていたからです。それで、その知識との関連づけができないかという発想で、戦前期の高等教育の歴史を調べようとしたのです。

最初に繙《ひもと》いたのは『高等教育の日本的構造』(玉川大学出版部)でした。出版年は一九八六年です。アメリカ留学から帰ってからこの本を読んだはずなので、私が最初に読んだのは三五年近く前のはずです。それでも、今度は大衆の語と関連づけて大学の大衆化について研究をしたいという明確な意識を持って再びこの本を手に取りました。

本を開くと第四章のタイトルがすぐに目に入りました。「エリートからマスへ――大衆化の過程と構造」です。この章の主題は、高等教育の大衆化をどのように理解するかという問いを、戦前の歴史にまで視線を伸ばし、その日本的特徴を明らかにしようとすることにありました。そして、ここが天野先生の真骨頂なのですが、この本が出版された当時には日本の高等教育の歴史研究の中で「傍系」としかみなされていなかった私立(旧制)専門学校(後の私立大学)に着目することで、その日本的特徴を詳《つまび》らかにしようとしていた点です。まさにオリジナリティに富む着眼でした。脇役に目を付けることで主役（当時であれば帝国大学＝「正系」）を中心にした研究では見過ごされてしまう「日本的特徴」を解明しようとしたところに、天野高等教育研究のすごみがあります。私自身そのような視点の柔軟さと鋭さから多くを学びました。

天野先生のこの著書からインスパイアされた文章を書き出しておきます。

アメリカに次いでマス段階への移行をとげた日本の歴史的な経験をあとづけてみるとき、ここにもまた「特殊日本的」な、量的拡大にきわめて「感応的」な、マス段階に入る以前にすでに「マス高等教育を志向」した高等教育機関の類型を見出すことができる。（天野一九八六、一三二頁）

こうした量的拡大への「感応性」の高い、いいかえればマス型の属性を基本的に内包した機関類型を、エリート段階においてすでにもちえたか否かが、その後のマス段階への移行のテンポを左右する重要な条件となったとみてよい。（同、一三四頁）

ここで「マス型」とよばれているのは、これも高等教育の社会学研究の世界的な権威、Martin Trow（マーチン・トロウ）の有名な論文、“The Expansion and Transformation of Higher Education”（1972, *International Review of Education*, Vol.18）の理論枠組みを参考にしたものです。ここでは詳しく触れませんが、この論文についても、早速、大学図書館からデジタル化された論文のコピーをダウンロードし、再読しました。この論文を原著で読み直すことで、英語の mass がどのような意味で使われていたかを確認したかったからです（この論文には日本語訳がありますが、それだけに頼ってしまうとこのような確認はできません。この問題については再度第2章で議論したいと思います）。

そして、天野著の第四章を読み始めたときに、一つのアイデアが徐々に明確になってきました。日本で大衆の語が「発明」され普及した時期と、日本の高等教育の大衆化を支える私立専門学校（後の私立大学）の拡大期が時代的に重なっている。このことに、どんな意味があったのか。戦後の大学の大衆化の問題にすぐ飛びつくよりも、こうして戦前期を押さえておく、つまりはその歴史をさかのぼることで、昨今の議論では見逃してしまう、大学の大衆化という問題を、その原点からとらえ直すことができるのではないか。そういう直感がだんだんと具体的な形になっていきました。

こうして、大学の大衆化とは何かという初発の問いは、大衆という語の発明と普及の時代との同時代性という知識を得ることで、つぎのように変わりました。すなわち、

日本の大学の大衆化の原点ともいえる一九二〇年代、三〇年代の高等教育の拡大と大衆の語の発明・普及がほぼ同時代に生じたことにはどのような意味があったのか。両者には何らかの関係を想定できるのか。戦前の高等教育拡大の担い手が私学であったことは、「大衆」とどう関係するのか。

といった問いです。両者の同時代性は偶然なのか、それとも何らかの関係があるのかといったことは、この時点ではまだわかりません。ただ、この同時代性に着目することで、大衆という語にこだわりながら、高等教育や大学の「大衆化」について考えてみようという問題設定に一歩近づくことができると思ったのです。もちろん、現時点ではまだわかりませんが、このように歴史的な文脈に大学の大衆化というテーマを——天野先生の業績から学びつつ、これまでの研究とはひと味違うアプローチ（大衆の語へのこだわり）をとることで——私の日本の大学に対する違和感にもなにか新しい答えが出るのではないかと思っ

たのです。研究としては、まだ一歩目を踏み出しただけですが、自分らしさの発揮というもう一つの私のもくろみとの関係は、うっすらとではありますが、少しずつ見えてきました。

†メイキング・オブ：文献の探し方・読み方

文献の探索では、しばしば芋づる式ということが言われます。ある文献を読んでいて、そこで引用されている文献を今度は探して読んでみる。大衆の語の発明について、新倉さんの本を読んでいて有馬さんの著書に行き当たり、さらにそこから戦前期の大衆や階級についての文献の存在を知るということです。

あるいは高等教育の大衆化の文脈で言えば、天野先生の『高等教育の日本的構造』を読み直した後で、同じ著者の『近代日本高等教育研究』(玉川大学出版部、一九八九)も再読し、書架のこの本の近くにあった伊藤彰浩さんの『戦間期日本の高等教育』(玉川大学出版部、一九九九)も手に取る、さらには、天野先生の『高等教育の日本的構造』第四章で言及されていたトロウの原著論文を早速ダウンロードする、といったようにです。このようなことができるのは、もちろん、これまでの研究の蓄積や図書館などの研究環境のおかげです。私の所属していたオックスフォード大学のボードリアン日本図書館には、日本語の文献を含め、多くの文献が揃っています。また大学のデータベースを使えば、戦前の朝日新聞や読売新聞のデータベースにも簡単にアクセスできます。英語の論文や書籍がデジタル化されていればそのほとんどは瞬時にダウンロード可能です。恵まれた研究環境にあることは本当にありがたいことだといつも感じています。

もちろん、だれもがこのような研究環境のもとにあるとは限りません。学生の立場であれば、所属する大学の図書館や国会図書館を含め公共の図書館などをフルに利用することが望まれます。ただ、それをどのように使うか、どんな知識とどんな知識を組み合わせていくかは、つねに試行錯誤の連続です。最初からどんな文献が必要か、そこから次に何を読むべきかがわかるわけではありません。

今回のプロジェクトでは行っていませんが、いわゆるレビュー論文や書評論文のようなものを読むのは、手探りの段階では役に立ちます。とりあえず、Google Scholar や大学図書館のデータベース、日本語文献であれば国会図書館のデータベースなどを用いて、主要なキーワードで文献探索を行います。自分が関心を持つ分野でどんな文献があるのか。もちろん、膨大な文献が出てくるはずです。その中で、いくつもの文献をレビューした論文があれば、そこで言及される文献についての評価を含め、それをまず読むことで、大まかな視野が得られます。また、多くのアカデミック・ジャーナルが新刊書などのレビュー論文を掲載しています。大きな本を読む前に、レビュー論文を（できれば複数）読むことで、その本の概要や評価について知ることができます。そうすることで、最初から本をくまなく読むのではなく、自分の研究にとって最優先すべき箇所を探り出し、そこを先に読むということもできるようになります。文献の読み方については、それを教えるのは大学の重要な仕事です。このこと自体、大学を論じるためには欠かせないテーマなので、いずれ本格的に取り上げたいと思います。

ただ、今回の論考を進めてきた上で私が大事だと思うのは、そのようなレビュー論文を読む際にも、漫然と読むのではなく、あるいは知識の獲得のためだけに読むのでなく、自分の研究関心を頭の片隅に置きながら、ぼんやりとではあれ、それと当該の文献とのつながりの可能性を探りながら読んでいくことです。漫然と読んでしまうと、簡単に忘れてしまう場合が少なくありません。自分の研究関心との接点を見つけようとして、さらにはその接点から見て、当該文献がどのように将来関係しそうになるかを想像しながら読む。そして、そこで気がついたことと、思いついたことはなんであれ、記録に残しておく（私の研究ノートはそのためにあります)。そういう情報や知識を蓄積していくことで、少しずつ、知識と知識とのつながりが見えてくるのです。あるいは知識と知識をどうつなげればよいかがわかってくるのです。

オリジナルな研究というものが新しい知識を生み出すことだとすれば、もちろんそこでのテーマや方法によっても違ってくるのは当然ですが、私は、新しい事実の発見に留まらず、知識と知識を新しく結びつけることもとても大事な仕事だと考えています。今回、「大衆」の語の原点についての知識を得た上で、高等教育の大衆化の原点ともいえる時期との同時代性に気がつきました。教育史を専門的に研究する者であれば、おそらく既知の事柄でしょう。ただ、その同時代性をどのように新しい研究として位置づけていくか。そういう関心から、大衆の語の誕生という知識と、私立専門学校(その後の旧制私立大学)が担った高等教育の大衆化の原点と言われた時代についての知識とをどのようにつなげていくか。それによっては、新しいリサーチ・クエスチョンが生まれるはずです。あるいは、リサーチ・クエスチョンをどのような文脈に位置づけるかでこれまでにない研究を生み出していくこともできるはずです。それというのも、この同時代性は、この研究にとって重要な文脈になるだろうという強い予感があるからです。

日本の大学の大衆化の原点ともいえる一九二〇年代、三〇年代の高等教育の拡大と、大衆の語の発明・普及がほぼ同時代に生じたことにはどのような意味があったのか。両者にはどのような関係を想定できるのか。とりあえず、これらの問いにたどり着きました。後はそれをどう「料理」していくかです。まだまだ先は長いのですが、漠然としたアイデアが、少しずつ明確なイメージに変わっていくことで、これで研究ができそうだ、とほっと一息つく。こういう階段の踊り場のようなステップも大事なのです。

第2章　日本の大学は翻訳語でできている

†原著を読むということ

「大学の大衆化」というテーマの研究をどのように進めていくか。前に触れたように、日本語での文献を調べ始めると同時に、私は英語の文献、とくにマーチン・トロウの論文、"The Expansion and Transformation of Higher Education"（1972）について検討を始めました。「大衆」や「大衆化」といった表現が日本の大学についての研究でも多用されるようになる、その大きな影響力をもった論文だったからです。この論文は、トロウ教授のほかの論文とともに翻訳され、『高学歴社会の大学――エリートからマスへ』（天野郁夫・喜多村和之訳）の一つの章として出版されています（東京大学出版会、一九七六）。この訳書

——原著論文ではない点に注意！——が日本での「大学の大衆化」研究でたびたび参照されることで、日本でも高等教育と「大衆」が遭遇することになったのです。

最初にやってみたのは、原著論文にあるmassに対応する「大衆」や「大衆化」が、一対一の関係で翻訳されているかどうかを確認することでした。もしそこにズレがあったとすれば、そこから何か新しい視点を得ることができるのではないかという期待をもちました。

調べていくと、いくつかのズレが見つかりました。天野・喜多村訳では英語のmass以外の表現にも、「大衆化」「大衆」の語が当てられている場合を見つけたのです。たとえば日本語でのこの章のタイトルとなっている「高等教育の大衆化」の原語は、'The expansion and transformation of higher education'でした。「拡大と変容」にあたるexpansion and transformationを一語で「大衆化」と訳しています。論文の主旨をくみ取ればその通りなのですが、「大衆化」という言葉の意味は「拡大と変容」だけに限りません。日本語の大衆の語に含まれるニュアンスを保とうとしたのかどうかはわかりませんが、あくまでも論文の主旨をくみ取った意訳です。逆に「高等教育の大衆化」を直訳すれば、'massification of higher education'になりますが、トロウ教授の論文にはどこにもそのような表現は見当たりません。'The expansion and transformation of higher education'を「高等教育の大衆化」と意訳してしまうと、日本語の「大衆」の語の微妙で曖昧なニュアンスを、より具体的で意味の明解な expansion and transformation（拡大と変容）に置き換えてしまうことになります。このようなことがなぜ起きたのか。なぜ許され、その後、高等教育の大衆化といえば、この量的な拡大と質の変容を意味することになるきっかけとなったのではないか。前章で示した、大衆の語が「包括的かつ曖昧さを含んだ言葉」であることとの関係はどのようになるのか。このような疑問がわいてきました。この段階では、ちょっと細かい詮索に過ぎるかもしれません。ただ、あとで発展する可能性もあるので記しておきます。

ほかにも、次のようなズレが見つかりました。'popular non-elite institutions'は「大衆的な非エリート型機関」に、'popular sentiments'は「大衆の感情」ないし「一般大衆の感情」と訳されています。popular という言葉が populus（人びと、民衆）から派生した形容詞であることは確かです。人びとも民衆も「大衆」と近い意味を持つのでこれらの訳も間違いとはいえません。しかし、原著では mass ではない場合でも「大衆」の語が使われるのはなぜか。先の例では「民衆向けの非エリート機関」とか「民衆の感情」や「一般の人びとの感情」と訳してもよいはずです。それらを「大衆」と訳すことで、トロウ教授のmass の用法を超えて、高等教育の拡大と変容という主題を「大衆」や「大衆化」と結びつける。そのことをより強く印象づける効果があったのかもしれません。

もう一つ興味深いのは、mass higher education という原著の表現には、「マス型の高等教育」とか「マス段階」というようにカタカナ表記の「マス」が使われていることです。つまり「大衆型の高等教育」とは言わずに、英単語の音からとったマスがそのまま使われるのです。マスコミとかマスプロといった言葉としてこのカタカナ表記のマスは日本語に浸透しています。しかし、漢字二字の「大衆」に比べればどこかよそよそしい感じがします。なぜ、章のタイトルでは英語の mass が含まれていないのに、「高等教育の大衆化」が使われ、mass higher education にはカタカナのマスが使われたのか。よくわかりません。細かなことにこだわりすぎかもしれませんが、こういう言葉の選び方、西洋語と日本語の使い方の部分、とくにカタカナで表記される場合の用語の微妙な違いが、英語と日本語という二つの言語で仕事をしている私には気になるのです。それが日本の大学への私の違和感の一つになるのかもしれません。

たとえば、「大衆」とカタカナのマスが同時に混在して使われることで、「大衆」と

massといった言葉が日本と西欧でそれぞれに背負ってきた歴史の違いのようなものが失われるのではないか、ということも考えました。でも、これではまだリサーチ・クエスチョンに発展するはっきりとした筋道はみつかりません。もう少し考えてみる必要がありそうです。

そこで次にやってみたのは、この原著論文の中でmassの語が使われるケースを点検することでした。サーチをすると論文全体で一六回、この語が出てきます。そのうちの一四回はmass higher educationという表現か、それに関連する表現（例えばfrom mass to universal higher educationなど）でした。残りの二つは、mass enrolmentsとmass mediaでした。mass higher educationはいわば学術用語で、トロウ教授の理論に従えば、それと対比されているのは、eliteとuniversalです。つまりトロウ教授のオリジナルな理論であるエリートからマス、そしてユニバーサルへという高等教育の発展段階をとらえるための概念のひとつです。この論文を見る限り、英語のmassという言葉の持つ、より多様な含意はなかなかつかめそうにありません。

ここで諦めずに次に試みたのは、トロウ教授が一九七〇年（先の論文の二年前）に発表した論文、"Reflections on the Transition from Mass to Universal Higher Education"を読んでみることでした。前の論文が専門的な学術誌に掲載されたのに対し、この論文は、アメリカ芸術科学アカデミーの機関誌、*Daedalus* に掲載されたものです。特定の専門によらずに学術関係者に読まれることを想定した雑誌であり、トロウ教授のこの論文も、社会学者に限らずより広い読者を対象に書かれたものです。

そのような雑誌や論文の性格からなのか、この論文には当時のアメリカ社会の様子が背景として描かれ、それとの関連でアメリカの高等教育の問題点が論じられています。現在の時点、すなわち歴史の高みに立って、一九七〇年という歴史的・社会的文脈に照らして、この論文を読み取ることで、mass の語の使われ方やそのニュアンスについて、より明確に読み取ることができないかと考えたのです。

この論文のタイトルから窺えるように、テーマはマス高等教育からユニバーサルな高等教育への移行についてです。ただし、論文の中では、その時点のアメリカの高等教育はまだマス段階にあり、ユニバーサルに移行しかけているといった認識が示され、それをもとに議論が展開します。つまり、mass higher education から universal への転換期の高等教育の特徴を位置づける歴史的・社会的文脈として一九六〇年代末から一九七〇年初頭のアメリカが描かれるのです。

最初に目についたのは「マスメディアなどを通じて普通の人びと（ordinary people）が子どもをカレッジに送り出すことを奨励されるようになった」といった表現でした。そのことを指して mass higher education といっているようです。さらには中の下（lower middle）階級や労働（working）階級にとってまで「大学に行く」ことが特別ではなくなっていくという記述も見られます。これがすべての人びとにまで拡大すると universal（普遍的）な段階となるのですが、その一歩手前の状態を、このように記述しています。「普通の人びと」といった表現や中の下（lower middle）階級や労働（working）階級への言及は、mass の意味に通じます。

もう一つ気がついたのは、当時の大きな社会問題のひとつとして人種問題が取り上げられ、とくに人種的マイノリティの大学進学について、「民主主義」の価値と照らして議論されていたことです。一九五〇年代後半からアメリカでは「公民権運動」がさかんになりました。マイノリティ・グループの権利を保障し、平等な社会を実現しようという政治運動です。さらにはその時代を反映して、ベトナム反戦や貧困問題と関連させつつ、大学の改革を目指す社会運動・学生運動が多くの大学のキャンパスで繰り広げられていたことにも言及され、それが大学の「権威」を弱体化させる社会状況を生み出していることが論じられます。いわば、それ以前の大学や知識人に与えられてきた特権や権威への疑義が提出され、それがゆるがせになる。そのような時代背景のもとで、universal な段階に向かう直前の mass higher education が描かれるのです。

この部分を読んだときには、六〇年代末に日本を含め多くの先進国の大学で起こった学生運動の激しさを思い出しました。日本でも、大学の大講義室で繰り広げられる「マスプロ」教育が問題にされていました。もう一つ思い出したのは、一九五〇年代から六〇年代にかけて、アメリカ社会学界において流行した「大衆社会論」でした。社会学者であるトロウ教授がそのような社会学の知識を知らないはずはありません。そう考えると、トロウ教授が *Daedalus* 誌に書いた論文の中で描写されるアメリカ社会の状況には、権威主義やエリート主義を否定し、「みんな同じ」＝平等を標榜する「民主主義」の理想が書き込まれています。そこに大衆社会状況を見ることができるのかもしれません。これは後で使えそうなアイデアだと思いました。

このような歴史的背景の重要性は一九七〇年代の日本の高等教育研究者たちにも共有されていました。日本でも一九六〇年代末に大規模な学生運動が多くのキャンパスを席巻したのは少し前の出来事だったからです。しかし、このように歴史的・社会的文脈に位置づけられていたトロウ教授の「高等教育の発展段階論（エリート→マス→ユニバーサル）」は、その後の日本では、高等教育の「拡大と変容」として理解されることになります。社会状況との関連性をまったく失って研究が進んだというわけではありませんが、その社会をどのように人びとが認識していたかという視点との関連は、それほど強く意識されなくなったように私には見えます。発展段階という、とても明確でわかりやすい理論枠組みを与えられたことで、その抽象性ゆえに、この理論を生んだ一九六〇年代から七〇年代初頭のアメリカの社会的・歴史的文脈が希釈され、その理論が日本で使われるようになっていくのです。こうした学説史的な問題は、今後「大衆」の語にこだわって「大学の大衆化」を論じていく際に一つの視点を提供してくれるかもしれません。もちろん、先はまだ長いです。

†原著論文の読み方

ここまで書いてきたことは、「大学の大衆化」をテーマとする研究の初期段階での試行錯誤の一例です。日本で「高等教育の大衆化」が論じられる嚆矢《こうし》となった研究の原著にあたり、そこから、リサーチ・クエスチョンを立てる上で、ユニークな視点を見つけることができないか。そのような期待から翻訳と原著との比較を試みたり、もう一つの論文ではトロウ教授のアメリカ社会の素描を見たりしたのですが、現時点ではまだ、ヒントとなるアイデアはいくつかあっても、それらがすぐに研究につながるには至っていません。

すでに見てきたように、私自身は、とくに翻訳書が広く読まれ、海外の研究の重要な理論や概念が日本語で読めるようになっているような場合、日本語の表記と原著の言葉との対照関係に注意を払います。それというのも、元は西洋語のキー概念のニュアンスや使い方が、日本語で流通する過程で、そうした理論や概念を生み出した元の社会の特徴と日本との微妙な違いを見落として使われていることがしばしばあるからです。知識を得るためだけに読むのであれば翻訳でも十分なのかもしれませんが、研究が生まれた文脈にまで目を向けて読む場合には、このようなことが重要になるのです。とりわけ、日本を対象にした研究を海外に向けて発表していく場合には、その研究の中身にまで影響する可能性もあるのです。

たとえば漢字表記された専門用語の場合、しばしば、元の言語では日常的な言葉として使われているのに、難しい漢語が当てられることで日常生活で使われる言葉からかけ離れてしまうことがあります。社会科学の用語で例をとれば、「権力」「権利」などです。英語では権力はpower、つまり力です。権利もright（s）、つまり正しさという意味の日常語であることが隠されています。明治時代の日本の知識人が四苦八苦して西洋にあって日本の現実にはない概念に漢語をあて翻訳しました。それから一五〇年近い年月が流れ、すっかり日本語に定着した言葉も多くあります。それだけ私たちに馴染んできたといってもよいでしょう。その代わり、原語に含まれる日常の表現とのつながりやその日常性がもつ言葉のニュアンスといったことは残念ながら日本語化された西洋語発の概念にはありません。ここまで注目してきたmassの訳語、「大衆」もそうした言葉のひとつです。

もう一つ私が特に気をつけているのは、音からとってカタカナ表記にした西洋語の概念です。ここでのマスはその一例です。さらにちょっと考えてみるだけでも、エリート、ジェンダー、マイノリティなどなど、専門用語でカタカナ表記され日本語に定着した言葉には注意が必要です。

もう少し私の専門分野に分け入ってカタカナ語の問題点を指摘してみましょう。教育の社会学的な研究の中で最近よく使われる概念に「ペアレントクラシー」があります。ペアレント＝親が支配する社会の仕組みといった意味になるでしょうか。日本の文脈では、たとえば子どもの学力が親の社会・経済的な地位によって左右されるような状態を指して、親の影響力が高まったこと＝ペアレントクラシーの到来という見方が提示されることがしばしばあります。しかし、この言葉を生んだ Phillip Brown の原著論文を複数読んだり、この概念のその後の発展について書かれた英語の論文を読めば、なぜこの概念が一九九〇年代にイギリスで生まれたかが理解できます。

ブラウンが最初にこの言葉を使った論文のタイトルは、The 'Third Wave': Education and the Ideology of Parentocracy（*British Journal of Sociology of Education*, 1990, Vol. 11, No. 1, pp. 65-85）でした。このタイトルが象徴しているように、イギリスにおける教育を取り巻く社会環境の大きな変化を「第三の波」として捉え、そこにペアレントクラシーというイデオロギーが登場することを告発したのです。たしかに、この論文では「親の富と熱意」によって子どもの学習や学力、教育達成への影響が強まったことにも言及されます。しかし、そのように親の影響が強まる理由、あるいはそれを可能にした社会・経済的な背景にこそブラウンは注目し、この造語を持ち出したのです。

この論文の中に次の一説があります。

第一に、すべての親は、その気になれば、子どもをある学校から別の学校へと自由に移動させることができる。第二に、すべての学校は、顧客を引きつけ、維持するための強い経済的インセンティブを持ち、失敗すれば大きな損害を受けることを恐れるに十分な理由をもつ。（Brown 1990, pp. 73-74）

学校選択制度の導入と、それが各学校の財政に結びつく仕組みが作りあげられることで、親の「選択」の影響力が増す社会が生まれる。そのような社会認識の一つとしてペアレントクラシーというイデオロギーが登場してくるだろうというのです。「親の富と熱意」によって子どもの学習や学力、教育達成への影響が強まったことがそのままペアレントクラシーを意味するわけではないのです。

さらに二〇〇〇年の論文（Brown, P., "The Globalisation of Positional Competition?" *Sociology*, Vol. 34, No. 4, pp. 633-653.）では、そのような社会・経済的背景として、「「選択」、「自由」、「競争」、「基準」という言葉で着飾った教育の市場システム」（Brown 2000, p. 643）が背景にあったことを明確にしています（この論文は日本語には翻訳されていないようです）。公立学校を含め学校選択制度が広く適用され、教育の「市場化」「民営化（あるいは私事化）」が生じることを背景にして登場した概念（それも状態を記述するための概念ではなくイデオロギーを指示する概念）であることを忘れてしまうと、ペアレントクラシーの日本社会への適用は凡庸なもの、場合によっては誤解さえ生むものとなります。原著論文やそれらが書かれた文脈をおろそかにすることで生じる陥穽《かんせい》です。

日本でも一時期、東京都の一部で公立小中学校の学校選択制度が導入されました。しかしそれはイギリスほど極端なものではありませんでした。むしろ日本の教育の市場化や民営化は、私立の中高一貫校や、塾を始めとする学校外教育の市場の大きさに特徴があります。イギリスでの市場化、民営化とは大きな違いです。

大学についても市場化、民営化は日本ではヨーロッパやアメリカとは違う形をとっています。日本の大学生のおよそ四人に三人は私立大学に在籍しています。日本の大学の「大衆化」の担い手は、私立大学であったといっても過言ではありません。その場合の「市場化」や「民営化」は、当然イギリスの文脈とは異なるでしょう。そこにそのままペアレントクラシー・イデオロギーの到来を読み込むこともイギリスでのもとの意味とは違うでしょう。このサブテーマもまた、大学の大衆化をめぐる議論にいずれ関係してくると思います。さらには、翻訳で何でも読めるということも大学の大衆化の問題とつながってくるでしょう。カタカナ語の専門用語には一段と注意が必要です。

研究における試行錯誤の一過程を示すことを含めて、原著を読むことの意義について論じてきました。またその中で、原著と翻訳との比較を行いました。なんとか新しいリサーチ・クエスチョンの糸口を探るための試行錯誤といえます。と同時に翻訳書によってある理論やある概念が、日本の研究者の間に広がっていくことを、マーチン・トロウの「高等教育の発展段階論」を例に見ることができました。このような例は日本の社会科学の分野には数多くあります。そして、そこでの翻訳語に注意を払う必要についても触れました。

このような考察を通じて、日本の文化における翻訳とは何かという問題の重要性に気づきました。翻訳と大学の大衆化との間に関連があるのではないか、という問いも提出しました。次に、その点をさらに探っていくことで、大学の大衆化という研究テーマの発展性について考えてみたいと思います。

本書の四二頁で、天野郁夫先生の研究に触発されて、大衆の語が日本で広まった時代と、高等教育の「大衆化」の端緒とがほぼ同じ時代にあることから、リサーチ・クエスチョンを立てるための方向性を探りました。この問いへの「直感」はまだ生きています。しかし、ここでは少し迂回して（こうした遠回りはときに研究にとって新しいアイデアをもたらしてくれます）、天野先生の別の研究から思いついたアイデアについて論じてみたいと思います。一九九四年の「大学講義録の世界」（放送教育開発センター研究報告第67集『近代化過程における遠隔教育の初期的形態に関する研究』に収録）という論文です。この論文について思い出したのは、天野先生がかつて明治期の日本の大学教育における翻訳について論じていたことの記憶があったからです。Google Scholarを使ってこの論文を探り当てました。幸い論文はデジタル化されており、イギリスにいても読むことができました。

この論文を読み直しそこで得たアイデアをもとに、大学と翻訳文化・翻訳学問という観点から、大学の大衆化について考えてみましょう。論文を読み進めると、「大学の大衆化」を論じる際に役に立つのではないかと思える箇所を発見しました。引用します。

知識の輸入国にとって、知識の輸入量を飛躍的に増大させるためには、言語から言語、外国語から日本語への知識の「乗り替え」を容易にするための装置をつくりあげることが必要とされる。外国語を理解し、通訳し、翻訳し、さらには解釈する能力をもった知識人・学者の育成、かれらの「宿り場」としての学校、とくに「大学」の創設、それによる知識の正統的な輸入・再生産・創造・伝達の場の確立、そして普遍性をもった訳語、用語、概念の確定などがそれである。創設期の東京大学が、まさにそのような装置として構想され、機能したことはよく知られている。多数の外国人教師を雇って、外国語で開始されたその東京大学の授業の、日本人教師への切りかえが始まり、また学生たちが日本語で卒業論文を書くことを認められるようになったのは、明治一〇年代の半頃であった。さまざまな学問領域で基本的な訳語、用語が確定され、また外国人学者の著作のたんなる翻訳ではなく、複数の学者の説をふまえた日本人学者自身の「解釈」をへたテキストがつくられ始めるのも、ほぼ同じ時期である。(天野一九九四、九頁)

ここには、日本の大学にとって西洋的知識の翻訳が、明治初期の時点で、「外国人教師を雇って、外国語で開始された」授業から日本人教師による(日本語での)授業へと「乗り替え」られ、日本語で書かれた卒業論文の受理を可能にしたことが示されています。しかも、この論文のタイトルが示すように、大学教育におけるそのような日本語への「乗り替え」は、「講義録」とよばれる日本語による冊子を印刷して、正規の学生以外の「校外生」に郵送で送るという、現代風にいえば通信教育によって、地方在住の向学心に燃える若者たちに日本語のテキストを通じて学ぶ機会を与えるしくみを作り出したのです。そうだとすれば、日本語による西洋的知識の翻訳→日本語による授業と日本語の講義録の普及→高等教育の大衆化という論理のつながりを描く可能性が出てきそうです。

非西洋圏で母国語によって高等教育レベルの知識が印刷物を通じて広範に読めるようになる。比較の視点を取り入れると、この明治初期の経験の特徴が一層明らかになります。翻訳により海外の学問を母国語化することに成功した明治時代の日本の経験はほかの非西洋圏の社会ではありえないことだったからです。とくに植民地を経験し、その後独立した多くの非西洋圏の国々では、宗主国の言語によって（宗主国への留学を含め）高等教育を受けることが普通で、とりわけ本や教科書については母国語で学ぶようになるまでに相当な時間を要しました。それに比べると早くから翻訳文化・翻訳学問の発達した日本の近代化は、西洋的知識の普及という点でも「大衆化」しやすかったと考えられます。

講義録を発行し、多くの校外生をもっていた戦前の私立（旧制）専門学校がその後大学に格上げされ、さらにそれらの拡大拡張が、戦後の大学教育の量的拡大につながる歴史については本書の第1章で触れました。それを可能にした言語的なインフラとして翻訳文化・翻訳学問を位置づけることができそうです。少し調べるだけでも、一九二七年開始の新潮社刊行による「世界文学全集」（一冊一円といういわゆる「円本」ブームの火付け役）や改造社の「世界大衆文学全集」（一九二八～三一年）のヒットといった歴史的事実が見つかりました。このような歴史的事実を背景に置けば、日本における翻訳文化の隆盛と「大衆」との関係についての議論にもつながりそうです。もちろん、そうした広範な読者層の「大衆化」に教育の大衆化が関わったことも容易に想像がつきます。しかも円本ブームが起きたのは、「大衆」の語が「発明」された一九二〇年代に属します。研究の方向性として見つけたこの同時代性という知見から、これまでにない大学の「大衆化」論を展開できそうな気になってきました。高尚で高級な西洋文化の一端を、日本語で広く読者に届ける。ここにある大衆化はたんに読者数の拡大に留まらず、翻訳された文化や学問の「格」にも関係しそうです。

先ほど触れた天野先生の論文には、このような翻訳による知識の日本語化が大学や専門学校における講義のあり方にも変化をもたらしたことが次のように書かれています。

「一定の洋書を訳読」するのでなく、講師が「多数の学説及び判例を咀嚼し、其れ自らの説」として行なう「破天荒の新式講義」。誇張はあるにせよ、そうした欧米学問の

「輸入・学習」様式の大きな転換なしに、講義録の出現はありえなかった。（天野一九九四、九頁）

おそらくそれまでの講義は、洋書の朗読か訳読まがいの解説ですまされていたのでしょう。夏目漱石の『三四郎』の中で描かれた講義風景と重なります。「其れ自らの説」を説くようになることが「新式講義」と言われるようになったのでしょう。校外生向けの講義録に留まらず、翻訳学問は、高等教育で使われる教科書や専門書にも及んでいきます。こうした日本語化＝日本という非西洋圏の文脈への西洋的知識の移植は、ニッポンの大学の特徴を考える際にも重要な論点となりそうです。

†翻訳学問とニッポンの大学（への違和感）

あえて翻訳学問と呼ぶ必要のないほどまでに、その後日本の大学教育で教えられるようになった知識の多くは、西洋由来のものでした。そしてその知識の多くは、元々翻訳語であった概念によって組み立てられていました。先にあげたようないくつもの用語、たとえば権力、国民、国家、民主主義、資本主義、階級、教育、宗教、心理、真理など数え上げればきりがありません。それだけ学問の日本語化が成功したということでもあり、またその成功によって日本語だけで高度な教育を受けられるようにもなりました。まさに大学の大衆化に翻訳学問・翻訳文化が多大な貢献をしてきたということです（ただ、これだけではストレートすぎてひねりが足りません。この辺について工夫するためにも「大衆」との関連性は重要です）。

そこでここではいったん「大学の大衆化」研究のメイキング・オブを少し離れて（と言っても関連はありますが）、翻訳語で埋め尽くされたニッポンの大学教育の特徴について、いわば日本人の思考の習性の解読という方向で論じてみたいと思います。

私自身、日本の大学の教壇に立っていたときには、当然日本語で授業をしていました。しかも、私の分野（教育社会学）について語るためには、多くの翻訳文献や翻訳語に頼らざるを得ませんでした。正直、その頃はそれほど強く感じていませんでしたが、二〇〇八年からイギリスの大学で教えるようになり、それも現代日本社会について社会学の視点から理解し・解明するという授業（Sociology of Japanese Society）を担当することとなり、この翻訳文献や翻訳語に頼る日本の大学の授業の特徴を改めて考える機会を得ました。それというのも、日本社会を対象に授業をするとは言え、そこで使われる概念や文献はオックスフォードでは当然ながらすべて英語になるからです。言いかえれば、翻訳語や翻訳文献に頼ることなく、議論ができるのです（正確に言えばフランス語から英語へといった西洋語間の翻訳語はあります）。

もちろん、逆に次のような疑問も生じます。英語の用語を使って、はたして日本の文化や社会の特徴を日本語でと同じように記述し、説明できるのかという問題です。この問題は先の問題と対称形に見えるかもしれませんが、そうではありません。前に述べたように、日本の文化や社会を学術的に語ろうとするとき、日本語でも多くの翻訳語に頼っているからです。たとえば、中根千枝の有名な「タテ社会」という用語＝概念があります。日本社会に特徴的な関係性から日本人論・日本社会論を展開する際に使われた有名な概念です。しかし、このなかの「社会」は翻訳語です。それは英語の society と同じ語感をもつ言葉ではありません。たとえば日本語でなら「社交」という別の訳語を当てるようなケースまで、英語の society は意味しますが、日本語では訳語の使い分けが必要です。あるいは日本文化論で日本社会の特徴とされる「単一民族（神話）」の「民族」も「神話」も翻訳語です。それこそ、「国家」も「経済」も「宗教」も「教育」も「政府」も、この議論で使っている「概念」もすべて翻訳語です。あまりに馴染んだ「日本語」として定着しているので、日本語で生活し、学んでいる人びとにとっては、疑問の余地のないことに見えるでしょう。しかし、これらの言葉の原語で同じようなことを論じようとする際には、そこに微妙なズレを感じてしまうのです。たとえば、日本という国家（翻訳語です）について論じようとする場合、国家に対応する英語は、文脈によってstateになったり、nationになったり、nation-stateになったりします。stateもnationも多義的な言葉です。「社会的」という形容詞も、文脈によってsocialを使ったり、societalを使ったりします。ここにもニュアンスの違いがあります。

このように見ると、少し誇張に聞こえるかもしれませんが、日本の大学は翻訳語でできているといってよいでしょう。そもそも「大学」自体がuniversityの翻訳語ですが、そこで教えられる多くの学問を構成している言葉のほとんどが翻訳語、あるいは外国の用語をその音をとってカタカナとして表記したカタカナ語（たとえばジェンダー、アイデンティティ、セクシャリティ……）で氾濫しています。そして翻訳文化・翻訳学問がいち早く日本での近代化の過程で発達したことが、高等教育を日本語で提供し、日本語で学ぶ機会を広げていった。天野説に従えば、まさに日本の大学の大衆化は翻訳によって支えられたと言っても過言ではないのです。

皮肉っぽく言えば、大学の授業でもったいぶって、偉そうな言葉として教えられるこれらの翻訳語（先にあげた例のように漢字二字の名詞が多い）やカタカナ語は、それを習うだけで何か新しい知識を身につけたと思わせるほどに「ありがたい」言葉です。後でも触れる翻訳論の第一人者、柳父章さんの言う「カセット効果」です。柳父さんによれば、「（意味が――引用者）分からないままで、何かすばらしいものが入っているかのように受容される効果」（柳父章・水野的・長沼美香子編『日本の翻訳論』法政大学出版局、二〇一〇、一三一四頁）を「カセット効果」といいます。ここで言うカセットとはフランス語の宝石箱の意味です。

学生が卒論や修論など自分の研究で使う用語の中には、このカセット効果をまとった「ありがたい」言葉、「難しい」用語がちりばめられていることがしばしばあります。はたしてそれらの言葉をどれだけ、そしてどのように理解して使っているのか、疑問に思うような場合も少なくありません。だからでしょう。そうした言葉＝概念の定義を厳密に行うことが研究をする上で重要なのだ、などと論文指導の場面で先生から教えられたりします。また、日本の学界には、分野ごとに用語集や辞典・事典のようなものが数多く存在します（たとえば『社会学事典』、『経済学事典』、『教育社会学事典』など）。他の国にも類書はありますが、日本の方がそうした出版物が多く出回っているように思います。しかも日本の事典類の特徴は用語のほとんどが翻訳語だということです。翻訳語である専門用語の定義や説明がそこには含まれるのですが、このような出版現象にも、翻訳文化・翻訳学問の繁栄が反映していると言ってよいでしょう。

自然科学や数学の分野のように概念の意味が比較的明確化できる場合には、翻訳語と原語との関係はより密接です。しかもこれらの分野では英語で論文を書くことが普通です。それに対し、人文社会科学系の分野では事情が異なります。日本語で論文を書く場合の方が多いだけでなく、翻訳語と原語との対応関係も緊密とは言えない場合が少なくありません。またそもそも原語である概念が使われる文脈と、翻訳語で日本で使われる場合の文脈との違いは、自然科学のような「客観的」「普遍的」世界を対象にした分野とは異なり、日本という個性ある社会・国家の特徴が関係します（ここでの文章もほとんど翻訳語に依存していますが、それを承知で進めます）。

もちろん、用語の曖昧な使用には注意を払う必要はあります。しかしそれらの用語が翻訳語やカタカナ語であった場合、その原語が持つ意味と、そうした意味を持たせる文脈との関係にまで目を向けることはそれほど多くはないという印象が私にはあります。いくら厳密に日本語で定義しても、その用語の元々の言語が持つニュアンスや文脈に応じた多義性にはあまり目が向けられないということです。そして日本語として翻訳語が定着したあとでは、ますます、原語との微妙な違いについては注意が払われなくなります。

日本について、日本語で理解し、議論するというのであれば問題はないだろう。そういう意見もあるでしょう。言葉は日々変化し、カタカナ語やローマ字表記の言葉がどんどん増えてくる現状（政府の最近の文書にはSDGs, DX, GXなどのローマ字語が満載です）では、どんな外来語も日本語として定着している。そういう経験を経て意味を確定していくのだから、翻訳語で何が悪い、という見方です。

しかし、二重言語で生活し仕事をしていた私は、日本の大学教育（社会も）が翻訳語によって成り立っているという事態に自覚的でなくなることに強い違和感を感じたのです。前に例としてあげた「ペアレントクラシー」のように、カタカナ語として定着する過程で、そこにどのような日本語化が生じ、どのように原語と違う意味を帯びたり、逆に原語の意味や文脈が剝奪されていくのか。そのようなことに無関心でいられることに違和を感じてしまうのです。「ありがたい」「難しい」言葉を使うことでわかったつもりになってしまうことも少なくないでしょう。しかし、SDGs, DX, GXなどのローマ字語で私たちはいったい何を理解しているのでしょう。

日本の大学が世界から閉じた鎖国状態にあるのならそれでいいのかもしれません。しかし大学という場が、世界とつながっていることで意味を持つ教育・研究の場だとすれば、このような日本的展開自体に関心を持つことが必要だと私は考えます。

†違和感の正体

このようなことを考えながら、翻訳文化について書かれたものを探して読み始めました。そこで出会ったのが、柳父章さんの著作です。少し古い本ですが、『翻訳語の論理』（法政大学出版局、一九七二）のあとがきで、柳父さんは次のように書いています。

日本思想史は、端的に言えば、外国思想受容史であり、外来思想・外来文物との交渉史であった。しかし、私たちは、これらの外来思想や外来の文物を、いつでももとのままの、むき出しの姿で受け入れてきたのではない。必ず、私たちの固有の受容形式で濾過した上でとり入れてきた。それは、思想や言葉の面で言えば、「翻訳」という受容形式であった。異質な文化のこのような受け入れ方は、是非の論議はともかく、やはりそれじたいで一つの高度な文化であった、と思う。問題は、この受容形式による濾過の働きが、私たち日本人にあまりに身についているために、その過程を見逃し勝ちである、ということではないだろうか。たとえば、翻訳語の意味はその原語の意味と同じであり、どう言いかえて翻訳したとしても、それはそれだけのこと、とするような通念は、外来の文物はそのまま私たちの中に入ってくる、という考えが基本にある。いわば濾過の過程を見落としている。(柳父一九七二、三三五頁)

この部分を読んで、私の違和感は、柳父さんの言葉を借りれば、翻訳という異文化の受容形式に埋め込まれた「濾過の過程を見落としている」ということではないかと思い当たりました。日本の大学は翻訳語でできていると述べましたが、はたして今の日本の大学での教育が、この「濾過の過程」にどれだけ注意を払っているか。大学の大衆化を可能にした翻訳文化・翻訳学問の貢献とは裏腹に、このような問題を抱え込んだのかもしれません。この「濾過の過程を見落とし」た日本の大学教育の問題点とは何か。「大衆化」と関連を付けつつ、議論できそうです。

第3章　翻訳学問から思考の習性を読みとく

†福沢諭吉と加藤弘之の思考の型

　前章では、日本の大学は翻訳語でできていると、ちょっと過激な発言をしました。人文社会系の学問分野で教えられる知識の多くが、翻訳語によって構成されていること、そのおおもとには輸入先である西洋の学問があることを指摘しました。と同時に、そのおかげで日本語による高等教育の普及が可能になったという議論ともつなげました。大学の大衆化と翻訳学問・翻訳文化との関係を論じる、その糸口を示したつもりです。そして、翻訳語でできあがっているにもかかわらず、そのことがあまり意識されていないことに違和感を感じていたことに触れ、その正体を、柳父章さんのいう、異文化の受容形式に埋め込まれた「濾過の過程を見落としている」点にあると指摘し、そこで論を閉じました。この章ではもう少しその翻訳学問の特徴について、思考の型という問題と関連づけて検討を続けたいと思います。

前章で引用した柳父さんの『翻訳語の論理』(法政大学出版局、一九七二)には、翻訳語との関係で、日本人の思考の習性を指摘した、ここでの議論にとって参照すべき重要な箇所がいくつもあります。大学の大衆化というテーマと関連づけながら、私の違和感の正体をさらに明らかにしつつ、日本の大学に埋め込まれた思考の習性を考察していく、その上でもとても参考になる論述です。

その一つが、翻訳学問から派生した演繹型と言われる思考様式についての考察です。『翻訳語の論理』では、明治初期の日本の知識人の思考がどのような習性をもっていたのかを具体例をあげて検討しています。そのなかで、抽象的な翻訳語から、演繹することで議論を展開する思考のスタイルが典型的であったことが示されます。その指摘を参照することで、翻訳語でできあがった日本の大学教育の特徴に迫ることができるでしょう。それは翻訳によって大衆化を可能にしたことのいわば副産物とも言える日本人の思考の習性の解明にもつながるはずです。

柳父さんの分析対象は明治時代を代表する二人の知識人の議論の仕方、あるいはその特徴にあります。一人は福沢諭吉、そしてもう一人は加藤弘之です。柳父さんの本とは順序が前後しますが、加藤の方から紹介します。

旧東京大学初代綜理、さらには帝国大学の二代目総長となった政治思想家で、明治期にはきわめて影響力をもった加藤の論法を例にとりながら、柳父さんは次のような分析を示します（例になっている加藤の文章は省略します。興味のある方はぜひ柳父さんの著書を参照してください）。

第一段は抽象的判断を語っている。第二段はこれを受けて、現状についてのかなり具体的な事情を述べている。（中略）この第一段における抽象的な判断は、第二段における具体的な事情についての判断を、基本的に支配している。抽象的判断は、一方的に具象的判断を支配し、両者の間に矛盾はなく、具象から抽象へ、という思考の働きの運動はない。演繹的な論理の型である、ということができるだろう。／第一段の判断の中心は、「文明」、「国家」というような抽象概念である。それは、既に完成されている概念であって、具体的な事実の上に臨み、裁断することはあっても、具体的な事実によって影響を受けない。／常に具体的な事実の上に臨み、それから影響されぬような抽象的概念は、実は、概念の内容があまり明らかではない。どこか超越的な、神秘的とも言うべきような意味の部分がある。（柳父一九七二、七七―七八頁）

そして柳父さんは、この抽象的判断の根拠となっているのが翻訳語だというのです。しかもそうした言葉の説得力は、翻訳元の西洋の文明の高さに求められると指摘します。柳父さんによれば、

このような演繹型の論理の第一段の根拠には、確かに、先進文明の国において完成され、輸入された思想がある。重要なことは、それが或る少数の抽象概念に結晶されている、という事情である。そしてその抽象概念は、基本的な素姓は先進文明の言葉であるが、一面、それは日本語なのである。要するに、「翻訳語」なのである。（中略）それ（翻訳語――引用者）は、演繹型論理の要《かなめ》に据わって、論理全体を支配しているのである。それじしんの概念は、必ずしも明瞭ではない。が、論理上、具体的事象の判断を支配し得るような意味が、そこからすべて引き出されてくるのである。（前掲書、八〇頁）

翻訳語の威力は、その言語を生んだ先進文明＝西洋文明のいわば権威に根ざしていると読み取ることができるでしょう。しかも、そのような概念の意味は「必ずしも明瞭ではない」、「どこか超越的な、神秘的とも言うべきような意味の部分がある」言葉の威力です。日本の大学が翻訳語でできているとすれば、日常語に照らせば、「難しい」、「ありがたい」言葉＝翻訳語が支配的になるこのような思考の型は、その意味を離れても威力を生む「カセット効果」を通じて、演繹型になることが推測されます。

こうした演繹型の思考を典型とする明治期の――翻訳学問で身を立てた――知識人に対し、少数派ではあれ、帰納型の思考様式を常とした思想家として、柳父さんは福沢の例をあげます。そこでの分析を具体的に要約して紹介するのは一筋縄ではいかないのですが、例として使われるのは、society の訳語として福沢が用いた「交際」という言葉でした。柳父さんの言葉を借りれば、「福沢は、日本語でふつうに理解されている概念の「交際」から出発する。そこから出発し、構語の方法や、文脈の展開によって、新しい意味を創りだし、この言葉の概念を次第に抽象化させていく」（前掲書、五八頁）というのです。

この「交際」からの発展例としてなじみのある「世間の交際」→やや違和感のある「人

間の交際」、日常語としてはさらに違和感のある「家族の交際」にまで発展させます。そのことで、家族の中でも人と人との交際があるという、独立した個人を単位とした人びとの間の関係というように「交際」は一段階抽象化されます（society の意味が保持されています）。さらに「君臣の交際」という、当時の日常語ではさらに矛盾を感じさせる用法にまで展開することで、君と臣との間にも「交際」があるというように、この交際という概念の適用の範囲を広げ、より抽象的な意味を持たせていくのです。

柳父さんは「福沢諭吉のような思考法は、日本の知識人のうちでは例外であった。きわめて稀な例外であった」（前掲書、七六頁）と福沢を位置づけます。つまり加藤弘之の方が圧倒的な多数派であったということです。そして加藤のような多数派との対比において、福沢のような思考様式の特徴を次のようにまとめます。

福沢の思想の根拠は、日常卑近な現実にある。思想が、たとえ抽象的な世界を語っていても、日常生活に根ざした意味との脈絡を見失わない。思想を構成している論理の要である基本概念を、日常語が押さえているからである。福沢は、日常語の概念を離れて、自由に、好むままに、別な所で完成されている抽象概念を使って思想を語ることはでき

ない。(前掲書、八二頁)

翻訳論に深入りしすぎたかもしれません。しかし、ここで論じられるのは、翻訳語・翻訳学問によってできあがった、それゆえ「大衆化」を容易にした日本の大学教育における思考の型の問題です。もし柳父さんの指摘のように、加藤弘之のような演繹型思考が日本の知識人の主流派だとすれば、その主流派が構成してきた日本の大学における教育にも、その思考の習性が根深く入り込んでいる――そういう仮説を提出することができるでしょう。翻訳語によって容易になった大学教育へのアクセスの拡大は、演繹型思考という思考の習性を副産物として生み出し、普及させたのではないか、という問いかけです。この問いは、大学の大衆化とは何かというリサーチにとって、その影響力を副産物として理解しようとする研究課題につながっていく可能性があります。

†『君たちはどう生きるか』の丸山真男

柳父さんの議論に頼っているばかりでは一方的と思われるかもしれません。そこで少し横道にそれながらも別の論者の指摘を見たいと思います。

二〇二三年の七月下旬に一時帰国した私には、その夏にいくつかやっておきたいことがありました。その一つは宮﨑駿の（当時の）最新作『君たちはどう生きるか』を見ることでした。そして映画館に足を運ぶ前に、この映画のタイトルのもととなった吉野源三郎の同名の著書を読むことにしたのです。映画についての感想は別として、この本からは多くを学びました。日中戦争の始まる一九三七年という難しい時代に、次世代（「日本少国民」）に何を伝えるか。自由主義や左翼的思想への統制が強まる中での作者のぎりぎりの選択がそこには示されています。しかしここでの本題はそこにはありません。

岩波文庫版には、戦後の日本を代表する知識人、丸山真男の解説（「『君たちはどう生きるか』をめぐる回想」）がついています。その中で丸山は、この本の優れた点として、吉野源三郎が当時（一九三〇年代）の少年少女たちに対し伝えようとした、「社会科学的認識」の、その伝え方に着目します。この本の中では、（旧制）中学校一年生のコペル君とその叔父さんとのやりとりが話の展開の大きな柱となっているのですが、その中でコペル君が、（叔父さんが教えてくれた）「生産関係」という、中学生には難しすぎる概念を理解するくだりに丸山は注目します。カウツキーの『資本論解説』を例に、それとの対比で、『君たちはどう生きるか』での伝え方の特徴を明らかにします。少し長くなりますが重要な箇所を引用します。

この種の資本論の入門書は、どんなによくできていても、資本論の入門書であるかぎりにおいてどうしても資本論の構成をいわば不動の前提として、それをできるだけ平易な表現に書き直すことに落ち着きます。つまり資本論からの演繹です。ところが、『君たちは……』の場合は、ちょうどその逆で、あくまでコペル君のごく身近にころがっている、ありふれた事物の観察とその経験から出発し、「ありふれた」ように見えることが、いかにありふれた見聞の次元に属さない、複雑な社会関係とその法則の具象化であるか、ということを一段一段と十四歳の少年に得心させてゆくわけです。一個の商品のなかに、全生産関係がいわば「封じこめられ」ている、という命題からはじまる資本論の著名な書き出しも、実質的には同じことを言おうとしております。けれどもとっくにおなじみの「知識」になっているつもりでいた、この書き出しを、こういう仕方でかみくだいて叙《の》べられると、私は、自分のこれまでの理解がいかに「書物的《ブッキッシュ》」であり、したがって、もののじかの観察を通さないコトバのうえの知識にすぎなかったかを、いまさらのように思い知らされました。（『君たちはどう生きるか』岩波文庫版、三一三頁）

この著作の優れた点をこのように見抜く丸山の慧眼はさすがです。ですが少し見方を変えれば、丸山のような日本を代表する知識人でさえ「思い知らされる」ほどの、「書物的」な、コトバのうえの知識のやりとりを日本の大学がしてきた。そのことを例証する証言のようにも読める一文です。もちろん、福沢諭吉の研究者としても知られる丸山が、福沢の帰納型の思考様式を知らないはずはありません。だから「思い知らされた」というのも謙遜なのかもしれません。そうだとしても、このような文章を書いた丸山の頭のなかには、福沢諭吉や吉野源三郎といった日本に例外的な知識人の優れた点として、演繹型の思考様式に陥らない、「ごく身近にころがっている、ありふれた事物の観察とその経験から出発し、「ありふれた」ように見えることが、いかにありふれた見聞の次元に属さない、複雑な社会関係とその法則の具象化であるか」と具象から抽象へと向かう帰納的な思考を見いだしたのです。しかもそれを一四歳の少年でも理解できるように説明する。それはたいへんに難しい内容を「平易な表現に書き直すこと」とは違います。思考の型の違いがそこにはあります。

翻訳学問の弊が異文化の受容形式に埋め込まれた「濾過の過程を見落としている」点に

あるとすれば、その見落としがもたらすもう一つの弊は、「もののじかの観察を通さないコトバのうえの知識」の受容と伝達を当然のこととみなしてしまうことでしょう。いや、そこにありがたみさえ与えてしまうのです。丸山はそれを日本の教育の特徴と結びつけて次のように指摘します。

> 天降り的に「命題」を教えこんで、さまざまなケースを「例証」としてあげてゆくのでなくて、逆にどこまでも自分のすぐそばにころがっていて日常何げなく見ている平凡な事柄を手がかりとして思索を押しすすめてゆく、という教育法は、いうまでもなくデュウィなどによって早くから強調されて来たやり方で、戦後の日本でも学説としては一時もてはやされましたが、果してどこまで家庭や学校での教育に定着したか、となると甚だ疑問です。むしろ日本で「知識」とか「知育」とか呼ばれて来たものは、先進文明国の完成品を輸入して、それを模範として「改良」を加え下におろす、という方式であり、だからこそ「詰めこみ教育」とか「暗記もの」とかいう奇妙な言葉がおなじみになったのでしょう。（前掲書、三二四頁）

思考の型は教育の型と共振し合っている、そのことを示す一文です。そして丸山の言う「先進文明国の完成品」としてのありがたい「知識」は翻訳語でできているのです。まさに柳父さんの言うカセット効果の発揮です。これらの議論を踏まえ丸山のいう「詰め込み教育」についてもう一言付け加えれば、そこで詰め込まれるのは「知識」だけではなく、「知識」を詰め込む過程で演繹型の思考も知らず知らずのうちに詰め込まれている可能性があります。大学での詰め込み教育の隠れたカリキュラムといってよいでしょう。

†エセ演繹型の思考という習性

日本の大学の大衆化を可能にした翻訳学問の探究から、思考の習性に議論が及んだのには、実はもう一つ訳があります。研究のメイキング・オブとして言えば、このような言説を引き寄せる私（苅谷）の側の理由、言い方を変えれば、こうした言説に目が行ってしまう私自身の関心の軌跡や背景があったということです。突然、偶然に、こうした議論に関心を持ったというわけではないのです。知識と知識とを出会わせる素地をもっていることで、そうした遭遇が生まれるのです（この点については後のメイキング・オブの中で再論します）。

教育政策の言説を知識社会学的に分析する過程で、私が発見したと思い込んでいたのが、「エセ演繹型」という思考の習性でした。二〇一九年に出した『追いついた近代　消えた近代』（岩波書店）の中で、私は日本に特徴的な近代理解として「追いつき型近代」という認識が政策決定者の間で根深く共有されていることを論じました。西欧先進国に追いつけ追い越せをスローガンに近代化をしてきた、そういう認識が広く政策決定者に共有されていることを明らかにしたのです。その議論の中で、先進国からの知識や技術の輸入を常とすることで定着した思考の型として、エセ演繹型という特徴について論じました。

ここでは簡単に触れるに止めますが、追いつき型近代の認識のもとでは、先進西欧諸国にはあって、後進の日本にはない「何か」を想定する「欠如理論」という見方が知識人や政策決定者の思考に含まれます。そのことを指摘した上で、「欠如している「何か」を、あるべき「何か」として規範的な命題に祭り上げ、そこからの演繹的思考でそれらを理解しようとする」（『追いついた近代　消えた近代』二七八頁）、そういう思考の型が生まれたと論じたのです。

さらにそうした演繹型の思考が、「中途半端な抽象的レベルで」「わかったつもり」になってしまう（前掲書、二九〇頁）推論に留まる場合を、あえてエセ演繹型と呼びました。

そして、その典型が教育政策文書の言説に顕著であることを示しました。大学教育に引きつけて言えば、一方的な知識伝達をやめ、新しい方法として提唱された「アクティブ・ラーニング」のような外来語のカタカナ表記で示されるスローガンに典型的に示される「わかったつもり」にさせる言葉です。帰納的思考の育成を推奨する方法としての「アクティブ・ラーニング」が、皮肉なことに、エセ演繹的に導入されたのです。そして、このような思考様式に縛られていることが、現実の実態把握をおろそかにし、帰納的思考による政策立案を阻んでいると論じました。これもまた、大学の「大衆化」の日本的な副産物と言えるでしょう。

†論点の整理と翻訳学問、そして大衆

日本の大学の「大衆化」について、大衆や大衆化という言葉にこだわりながら、新しい、そして自分なりの研究ができないか。そのような関心から、研究の過程で生じる試行錯誤を含め、本書では三章にわたって議論を進めてきました。これまでの議論では、研究のメイキング・オブを示すことで、冒頭でたてた日本の大学の「大衆化」というテーマでどのような研究を展開できそうかを論じてきました。またその過程で、日本の大学教育に埋め

込まれた「思考の習性」を明らかにする試みも行ってきました。

試行錯誤の過程を（恥じらいもなく？）示すことで、行ったり来たりの議論に見えたかもしれません。そこでここでは、ちょっと立ち止まって、これまでの議論を整理し、これからどんな展開が可能になるのかを考えてみたいと思います。実際の研究の過程でも、すべてが一直線に進むわけではありません。いろいろとアイデアを出したり、参考になりそうな文献についての検討を行ったり、さらにそこから研究に役立ちそうな知識を引き出したりと、行ったり来たりのジグザグを繰り返しながら、少しずつ前進していくものです。そしてときおり、それまでの議論を振り返り、論点を整理してみることが有用な時期があります。一旦思考の流れを止めることにはなりますが、議論の立て直しを図り、その時々には気がつかなかった点も含めて、考え直してみるのです。

正直に告白すると、この第3章の途中までの原稿を書いたあとで、日本に一時帰国し夏休みをとったり、大学の仕事（修士論文の採点や博士論文の口述試験など）で、一カ月以上この連載の執筆から遠ざかった空白の時間ができました。ですから執筆を再開するためにも、この振り返りは、議論の立て直しになると考えたのです。

これまでの議論を大まかにまとめると、次のような論点を提出できます。

1　事実関係として日本の大学の拡大は私立の教育機関によって担われてきた。**一八頁**

2　そのような規模の拡大とそれに伴う大学の変容を指して大学の大衆化ということが言われてきた。**二一頁**

3　日本で研究者たちが大学の「量的な拡大と質の変容」を「大衆化」として議論してきたのは、マーチン・トロウの論文（その翻訳）に依拠してきたことによる。しかし原著論文と翻訳との間には、翻訳語である「大衆」や「大衆化」の語と原文との間に若干のズレがあった。しかも、日本語に翻訳されていない同時代のトロウの論文を検討すると、そこではmassの語がなぜ使われたかを考えるヒントがいくつかあった。「普通の人びと」や「中の下」の階級、「労働階級」の人びとに大学に行くことが特別ではないといった認識の広まり、さらにはそれ以前の時代の権威主義やエリート主義への批判的な認識の広まり＝「みんな同じ」＝平等を標榜する「民主主義」の理想などである。**四九―五六頁**

4　天野郁夫の研究によれば、日本の高等教育「大衆化」の原点は、一九二〇〜三〇年代の（旧制）私立専門学校の拡大にあった。私立専門学校は、量的拡大にきわめて「感応的」な特徴を持ち、「マス高等教育を志向」した高等教育機関の類型であった。**四〇―四**

一頁

5　私立の旧制専門学校が拡大の兆しを示した一九二〇年代に、「大衆」の語が日本語で「発明」された。それは西洋語からの翻訳語であったが、やがて多様で曖昧な意味をもつ言葉として普及した。三五—三八頁

6　上の4と5から次の、仮となるリサーチ・クエスチョンを引き出した。

「日本の大学の大衆化の原点ともいえる一九二〇年代、三〇年代の高等教育の拡大と大衆の語の発明・普及がほぼ同時代に生じたことにはどのような意味があったのか。両者には何らかの関係を想定できるのか。戦前の高等教育拡大の担い手が私学であったことは、「大衆」とどう関係するのか。両者の同時代性は偶然なのか、それとも何らかの関係があるのか」四三頁

7　天野郁夫の研究によれば、日本の高等教育の拡大を支えた重要な要因として、西洋的知識の日本語への翻訳という過程が明治初期に生じた。そこから「日本の大学は翻訳語でできている」という仮説を引き出した。六三—六八頁

8　しかし翻訳語の普及＝西洋的知識の受容の過程で、柳父章のいう「濾過の過程」の見落としが生じた。七五—七六頁

9　翻訳学問による大学教育の拡大は、演繹型思考を日本の大学に根付かせたという仮説を提出した。それは西洋的知識を抽象度の高いまま日本語として受容し、日本の現実から帰納的に考える思考様式の発展を妨げた可能性がある、という仮説を提出した。八三頁

以上のまとめのうち、自分なりのオリジナリティがあると思われるのは、6で示した仮説です。さらに、トロウの論文の精査で得られた、アメリカにおける大衆社会の認識がトロウの発展段階論の背後にあったという発見からも、独自の研究を進める手がかりを得られそうです。そして、現時点ではまだどのようにつながるのかは明確ではありませんが、8や9にまとめた、「日本の大学は翻訳語でできている」という仮説や、それが演繹型思考を根付かせ、帰納型の思考の普及を妨げたという仮説も、大学の「大衆化」を論じることれまでとは異なる視点を与えてくれる可能性があります。

このように一旦思考の流れを止めて、これまでに論じてきたことを振り返ってみることで、階段でいう踊り場、つまり、その場に立ち止まることでこれまでの議論を俯瞰することが可能になります。どんな研究者でもやっていることですが、行き詰まったり、議論の先行きが見えにくくなったときには、このように一度立ち止まって、踊り場から全体を見

直すということが、役に立ちます。これまで上ってきた階段を見下ろし、確認し、それをふまえてこれから向かう先行きについて考えるのです。その際に重要なことは、今回やっているように、実際に文字にしてこれまでの議論を箇条書きにするなり、あるいは（今回はやりませんでしたが）図に示して相互の関連を矢印で結んだりして、途中経過ではあってもそれまでの全体像を捉え直してみることです。そこから新たな関連性が見つかったり、何か足りないものが見つかったりするということも生じるのです。

第4章　言葉と知識のかけ違え――「大衆」と「階級」

大衆の語の発明の時期と、マス型高等教育が準備・拡大した時期の同時代性という、この研究にとっておそらく中心となる論点が明確になってきました。このリサーチ・クエスチョンを軸に、そこに翻訳学問の普及ということを絡ませることで、この問いへの解答をより具体的なレベルで明らかにすることが本章の課題となります。当該の同時代性という発見と翻訳学問・翻訳文化の普及との関連性について探ってみるということです。

そのためにはじめに手がかりとするのは、「円本」ブームが丁度この時代とほぼ重なっているという歴史に関する事実です。本書の六七頁に次のように書きました。再掲します。

円本ブームが起きたのは、「大衆」の語が「発明」された一九二〇年代に属します。研究の方向性として見つけたこの同時代性という知見から、これまでにない大学の「大衆化」論を展開できそうな気になってきました。高尚で高級な西洋文化の一端を、日本語で広く読者に届ける。ここにある大衆化はたんに読者数の拡大に留まらず、翻訳された文化や学問の「格」にも関係しそうです。

中等教育や高等教育が拡大した（といっても戦後に比べればまだ「大衆化」とはいえません）この時代に、日本の識字率が一段階高まったと考えることはできるでしょう。たんに初等教育レベルの読み書きではなく、中等教育レベル以上の知識を背景に、講義録の読者層も、世界文学全集のような翻訳による西洋文学への関心も、市場を形成するだけの規模で拡大したからこそ、ビジネスとして、こうした出版文化が成立した。そうだとすると、教育の量的拡大と翻訳学問とのつながりは自明だとしても、それが「大衆」の語で形容し認識される様態になったことをどのように理解すればよいのか。そのためにはもう少し、この時代について、とくに出版文化やその読者層について調べてみる必要がありそうです。それは一九二〇〜三〇年代の日本の知識人についての研究とも関係がありそうです。

そこで手始めに、戦前の知識人論を展開した二人の社会学者の著書を再読しました。一つは、筒井清忠先生の『日本型「教養」の運命』（岩波書店、一九九五）、もう一つは、竹内洋先生が二〇一四年に編著として出版した『日本の論壇雑誌』（竹内洋・佐藤卓己・稲垣恭子編、創元社）の序論です。実際には、すでに以前に読み、研究ノートに重要な箇所を切り取ってありました。

筒井さんは、フランスの社会学者、ピエール・ブルデューの主張に拠りながら、一七世紀フランスにおける「教養人」（エリート）が「習得または獲得されうるものの俗悪さ」を嫌っていたという説を紹介したあとで、日本について次のように述べています。

もし日本のエリート文化の中核的エートスが右のフランスのエリートの倫理と同じようなものであれば、それは十分に大衆の文化と分離しえたであろう。差異化に成功しえたであろう。しかし日本で生じた事態はそれとは全く反対であった。（筒井一九九五、三三頁）

この分析は主に旧制高等学校の文化に焦点が当てられています。ですので、エリート文化と大衆文化との関係という点では、私たちが問題としている（旧制）私立専門学校よりも一段階ハードルを高くした議論として見ることができます。つまり、フランスで世代間で伝達される支配的エリート層の文化的伝統に比べ、日本では（私立専門学校よりもより正系のエリート教育機関である）旧制高等学校の文化でさえ、「旧支配層であった武士の正統的文化の内容と学歴エリート達の「文化内容」との間に連続性が乏しく、学歴エリートの威信が伝統による裏付けを得にくかった」（前掲書、三四頁）というのです。そしてそこからそれが大衆の文化から「分離」しえなかった日本のエリート文化（「知識階級」の文化）の特徴であったという論点を引き出すことができます。大衆との関係についての筒井さんの結論的な箇所を引用しておきましょう。

日本の学歴エリートに相対的に中・下層階級出身者の多いことがこのことを強化する。彼らは大衆から「努力による向上」により現在の地位を得ている「尊敬に値する人」だと理解（もしくは誤解）され易いのである。近代日本のエリートは、大衆と十分な分離を見せず、「脆弱」で権威が少なかったが、その分だけ大衆の内面的支持に支えられ易かったともいえよう。（前掲書、三四頁）

この記述にみられるように、文化的側面から見れば、日本の「知識階級」は、（旧制）高等学校の文化でさえ、大衆の文化との間に内容的な親近性（＝分離の難しさ）があったということです。その背景として、これらのエリートが（相対的に中・下層階級出身者の多い）「学歴エリート」に過ぎなかったという筒井さんの主張に加え、（傍系の）「学歴エリート」の形成・拡大に、戦前の私立専門学校が大きく寄与していたことを付け加えてもよいでしょう。さらには、西洋的な知識を翻訳した学問・出版文化の普及が、日本の「知識階級」の形成にとって重要であったことも容易に想像できます。旧制高校よりもより多くの若者たちに「高等教育」の機会と「知識階級」の名称を与えた、「マス型」高等教育機関との接点がこうして見えてきました。

さらに竹内さんの「序論」を繙《ひもと》くと、ここでの議論にとってより直接的に役立ちそうな論述が見つかりました。「大衆インテリ」という概念です。戦前期日本における読書人層の厚みと「論壇」の成立を論じる中で、竹内さんは、日本において「限定文化界＝アカデミズム」と「マス文化界＝大衆ジャーナリズム」をつなぐ「中間文化界」が成立し発展してきた点に日本の特徴があったといいます。そして、この中間文化界の担い手として「知的中間層＝大衆インテリの一定の厚み」（竹内二〇一四、四頁）を指摘するのです。

ここで使われる「大衆インテリ」という、それ自体西洋語で表現すれば論理矛盾を含んだ大衆化した知識人の位置づけもまた、その社会層の拡大に私立専門学校の拡張や翻訳学問の普及が寄与していたとすれば、本節冒頭の問いに答える手がかりになります。翻訳学問の普及とマス型高等教育機関の発展の契機との関連性を、「大衆インテリ」という西洋語にはない（形容矛盾ともいえる）カテゴリーを媒介に認識できるとすれば、「大衆」の語にこだわる私の議論にとっても役に立ちそうです。少しずつですが、「同時代性」問題を深めていく手がかりがここからも見えてきました。

†大衆と階級、そして翻訳学問

ここでもう一度、「大衆」の語にこだわって、竹内さんのいう「大衆インテリ」、あるいは筒井さんが指摘したエリート文化と大衆文化との未分化という問題について考えてみましょう。このように論を展開しようと思ったのは、大衆というそれ自体西洋語の翻訳語でありながら、その後意味を曖昧化したまま普及していったこの言葉の特徴にこだわることで、「大衆インテリ」という西洋語であれば形容矛盾ともいえる言葉で語ることのできる日本的文脈に目を向ける、そうすることで、筒井、竹内両先生の指摘を受けながらも、そこに私なりの議論を付け加えることができるのではないかと考えたからです。

有馬さんの研究で指摘された「大衆」の語の発明と普及は、このカテゴリーでなければ捉えることのできないその時代の社会状況を把握する上で、当時の日本の知識人（≒大衆インテリ）に受けいれられたと考えてみましょう。この仮定から出発してすぐに思いつくのは、それ以外の社会的カテゴリーとの関係です。そしてこれもすぐに思いつくのは、「階級」との関係です。歴史の知識が少しあれば、ロシア革命の影響を受け、日本でも社会主義の思想が広まっていくのは一九一〇～二〇年代とわかります。大衆の語の「発明者」でもある高畠素之は日本で（のみならず非西洋圏で）初めてマルクスの『資本論』を翻訳した人物でもあります。『資本論』第一巻が最初に翻訳出版されたのが一九二〇年、完訳されたのが一九二四年でした。まさに彼自身が大衆の語を発明した時期と重なります。そして前述の円本ブームに乗る形で、改造社版の新訳が出版されたのが一九二七年。これまで論じてきた時代と見事に重なります。ちなみに前章で触れた丸山真男による『君たちはどう生きるか』の解説で言及されたカウツキーの『資本論解説』の訳者も高畠でした。

話が横道にそれすぎたかもしれません。本題に戻すと、『資本論』に留まらず、一九一〇年代から社会主義やマルクス主義の思想が日本でも翻訳されていきます。その中で重要なキーワードの一つとなったのが「階級」です。無産階級とか労働階級とか下層階級とか、あるいは知識階級や中流階級、資本家階級といった言葉が使われ出すのも、こうした翻訳学問・出版文化の影響によると考えられます。もちろん、それを担った「知識階級」——その拡大に法律系を中心とした私立専門学校の拡張が寄与した——の役割も重要です。

ここでもう一度、大衆の語の発明者である高畠の指摘を振り返ってみましょう。有馬さんの著書によれば、この言葉の発明について言及した高畠の同志の一人、神永文三という人物の回想が次のように引用されます。

高畠さんは洋語のマッス（Mass）という言葉に特別の注意を惹かれていた。マッスという言葉には、ひとつの大集団として見た国民の大多数者、少数特権者に対する大多数民という意味がある。それには勿論、工場労働者、農民も、小商人も、安月給取りも一時的に含まれる。西洋人の社会主義の書物にはよくこの意味でマッスという言葉が使用される。然《しか》るに日本では、これにあたる適当な言葉が従来使用されていない。平民、民衆、労働者、下層階級、労働階級、等々の語はあっても、何《いず》れも適切にマッスの意味に当て嵌らない。そこで高畠さんは、かなり長い間（恐らく二、三年はかかったようだ）

色々と考えた末、遂に古書などに見える「大衆」という言葉を採用するに至ったのである。(「『大衆』主義」『急進』一九二九年六月号、有馬学『「国際化」の中の帝国日本』中央公論新社、一九九九、二七四頁より引用)

ここで重要なのは、「平民、民衆、労働者、下層階級、労働階級、等々の語はあっても、何れも適切にマッスの意味に当て嵌らない」という指摘です。ここから、階級というカテゴリーによる社会の認識とは異なる、「大衆」という、より包括的で、それゆえ曖昧さを含む概念が受け入れられていきます。それがどのような意味を持つのかは、階級カテゴリーとの比較を含め、このあと詳しく論じたいと思います。

†「階級」の広がり

前章の最後でこれまでの議論を一度立ち止まって整理した上で、そこからの展開としてこの章では、戦前の翻訳学問と日本の知識階級との関係を論じ、竹内洋さんの研究から「大衆インテリ」という興味深い概念を引き出しました。エリートとも大衆とも、どちらともいえない、あるいはどちらでもあるという特徴を併せ持つアンビバレントな戦前日本の知識階級の特徴を鋭く捉えたのがこの概念です。そしてそこで使われる大衆とは何かという問いを取り出し、階級というカテゴリーとの比較を行おうという課題にたどり着きました。そこで次に、そこからさらに議論を展開することで、翻訳学問の発達、旧制私立専門学校の拡張、そして大衆の語の発明の三者の同時代性の意味を考えてみたいと思います。そのために有効だと考えたのが、階級というカテゴリーと大衆との比較です。

すでに述べたように、大衆の語が発明される以前に、社会主義思想の翻訳を通じて、「階級」という翻訳語がすでに日本で使われていました。とくに日露戦争を戦ったロシアにおけるボルシェビキ革命の影響を受け、日本でも社会主義やマルクス主義への関心がとりわけ教育レベルの高い若者たちの間で広がっていきました。拡大した私立専門学校の学生や卒業生もそこに含まれます。政治思想はもとより、文学の面での影響としてよく知られる「プロレタリア」文学が登場しました。ドイツ語の賃金労働者を意味するプロレタリアートをそのままカタカナで日本語にした表現ですが、日本語に翻訳される場合には、無産とか無産階級といった言葉が使われました。

教育程度の高い若者を中心にこうした思想が広まった〝流行したことから、そういう若者たち（男性中心だった）はマルクスボーイと呼ばれました。読売新聞のデータアーカイブを使って調べると、一九二九年六月二三日の朝刊に、「マルクスボーイ退治に体育調査機関　文部省で計画進む」の見出しの記事が見つかりました。二〇年代末になると、左翼的思想に警戒心を強めた政府側からの働きかけとして、体育を重視することで学生生徒の左傾化を防ごうとする計画が文部省で進められたという記事です。

それより一年前の大阪朝日新聞には、「流行の将来：マルクス思想書」という見出しの土田杏村（京都帝国大学出身の哲学者・評論家）の論考が掲載されています。その中に本論にとっても興味深い一説があります。

マルクス思想に関係した書物は最近我国でも大流行を極めて出版せられた。一円未満の仮綴本などは幾十種となく店頭に陳列せられ安価なるがために一層よく普及せられたようである。しかしこのマルクス本の洪水も近来は余程衰えて来たそうである。一時はいわゆるマルクスボーイ輩出して、カッフェ社会主義者が口を開けば意味もよく理解しない「弁証法」だの「止揚」だのいう術語を振り廻したものであるが、近来はそうした歯の浮くような連中は次第に姿を消して、却って冷静に沈着にマルクス思想を研究する青年の数を増さしめたようである。（大阪朝日新聞、一九二八年一〇月二二日付、神戸大学

新聞記事文庫より引用）

一円未満の安価なマルクス本の普及への言及は、翻訳学問と出版文化の結びつきが「大衆インテリ」の左傾化を生んだことを示しています。さらに、「口を開けば意味もよく理解しない「弁証法」だの「止揚」だのいう術語を振り廻した」「マルクスボーイ」の出現を揶揄的にとらえています。ここにも大衆との関係が見えそうですが、その点はあとで論じることにします。ここで確認しておきたかったのは、一九二〇年代を中心に社会主義やマルクス主義の思想が翻訳学問を通じて日本でも広まり、それとともにそれらの思想の鍵概念の一つである「階級」という翻訳語が広まっていった歴史の確認です。しかもその時代は、大衆の語の発明や旧制私立専門学校の拡張の時代ともほぼ重なります。同時代性の確認です。念のために補足すると、当時の私立専門学校の多くは、法律を中心に政治・経済などの文系分野を教える教育機関でした。それだけにマルクス主義や社会主義思想の影響を受けやすかったと考えられます。当然ながら、旧制の高等学校や帝国大学の学生の間でもそうした思想の影響があったことはよく知られた事実です。さらに補足すれば、私立専門学校の規模に比べれば小さいものの、官立高等学校の拡大も一九二〇年代後半に生じました。その意味では一九二〇年代は、旧制私立専門学校を中心とした高等教育の規模拡大を見た時代だと言うことができます。ただし、教育史により忠実な表現を使えば、一九一九年に施行されたいわゆる「大正大学令」によって、私立専門学校の中には「大学」に昇格するものも出てきます。ですから正確に言えば、旧制私立専門学校・旧制私立大学ということになるのですが、煩雑なので以下の議論では、多くの場合、旧制私立専門学校で通します。一九一九年以降はそこに旧制私立大学が含まれていることを念のために付け加えておきます。

†階級と現実の緊張関係

しかし、その当時の日本の知識人や社会主義運動家にとって、階級というカテゴリーによって日本社会を理解することは、日本の現実に照らしてけっしてすんなりいくものではありませんでした。それを見やすくする歴史的背景として、一九二五年に成立した普通選挙法以後の選挙をめぐる社会認識について見てみましょう。この知識も、正直に言えば、すでに「大衆教育社会論」の新作を書くための準備として、研究ノートに書き残したものから引き出されたものです。こうした議論の進展に伴い、将来使えそうだと見越して獲得した知識と、新たに進める議論とを組み合わせていくことで、研究は展開していきます。ここでもどんな知識をどのようにほかの知識とつなげるかという発想が重要になります。

一九二八年の普通選挙による最初の国政選挙に先立ち、その前年の一九二七年に普通選挙による地方選挙が行われました。男性に限られたとはいえ、納税額による選挙権の制約を取り払った最初の選挙です。この普通選挙を見越して、社会主義的な思想に導かれた多くの無産政党が誕生しました。彼ら（ほとんど男性です）が期待したのは、「無産階級」の支持を受けることで、国会を通じて自らの政策の実現を図ることでした。無産階級が国民全体の多数派を占めたのですから、そのような期待が持たれたのも当然でしょう。

しかし、この地方選挙の結果は、無産政党や知識人、ジャーナリストの間で、階級概念――より正確に言えば階級意識――をめぐる議論を巻き起こします。その一例を紹介すれば、地方選挙直後に書かれた「普選雑想」という新聞記事では、「その声の大なりしに比して無産政党の実力が如何にも無力であった」と総括しながら、その理由がつぎのように語られました。

無産大衆の側を見ると未だわが国には階級意識というものが明確に大衆の頭に刻みつけ

られていないということを見逃してはならぬ、この階級意識というものがわが国民性に欠如しているものが《ママ》いないものか、ただしは起こるものか起こらないものかは別問題として、この階級意識の欠如ということは既成政党のつけ目である。（大阪毎日新聞、一九二七年九月二九日、神戸大学新聞記事文庫より引用）

階級意識の欠如が無産政党の選挙での敗北の原因とみなされたのです。階級意識の欠如はたんなる意識の問題として論じられたわけではありません。マルクス経済学者で、大阪朝日新聞の論説委員なども務めた櫛田民蔵がつぎの言葉を残しています。

日本の労働者は大体、自分が始まりであるか、さもなければ本当に親の代からさうであるかに止まるのであつて、精々五十年以下の経験しかもつてゐない。だから少くも親子孫と三代もつゞけて労働者の生活を繰り返してゐる都市のプロレタリアートといつたものは極めて少い。この点はどうもイギリスあたりの労働者と違つてゐる。（誌上座談会「失業・合理化・無産政党合同問題」雑誌『批判』一九三〇年五月号、古川江里子『大衆社会化と知識人長谷川如是閑とその時代』芙蓉書房出版、二〇〇四、二二四―二二五頁より引

用）

近代的産業化が遅く始まった日本では、プロレタリア階級を構成する賃金労働者の誕生から「五十年以下」しか経験していないという歴史認識を踏まえ、何世代にもわたって賃金労働者＝プロレタリア階級が存在してきたイギリスとの階級意識の違いについて論じているのです。ここで問われているのは、客観的に日本に階級があるのかないのかという問題ではない点に注意しましょう。そうではなく、無産階級＝労働者の支持を集め政治的な力を強めようと企図した無産政党にとって、階級意識の欠如や脆弱性が問題だったというのです。無産政党を立ち上げても、当の無産階級が階級としての意識を欠いている。イギリスのような社会との現実の違いに留まらず、翻訳語として輸入された階級（意識）概念に依拠して政治的戦略を立てることの難しさに直面したと想像することもできます。

もちろん、階級意識の欠如という認識が、ただちに日本における階級概念の定着を阻んだという直接的な関係を論証するのは容易ではありません。おそらく実質面でそれ以上に影響力を持ったのは、政府による思想統制でした。一九三〇年代に入ると、政府は社会主義思想を危険思想と見なし、次第に統制を強めていきます。その影響の一端は新聞紙上での記事にも反映され、二〇年代に新聞紙上に頻繁に登場した「無産階級」の語は三〇年代後半になると姿を消していきます。たとえば読売新聞のデータベースで調べると、無産階級の語を含む記事件数は、一九二〇年代後半には、一九二七年の三〇件、二八年の一六件、二九年の一七件と、多くはありませんが珍しいものではありませんでした。ところがそれが一九三〇年代後半になると、一九三六年六件、三七年三件、三八年一件、三九年一件、四〇年二件と、目に見えて減少しているのです。社会主義思想の鍵となる概念の一つである「階級」は、日本社会に根づく前に、政府の思想統制によって消されていったのです。

†大衆と「大衆インテリ」

その代わりに大衆の語が普及していった、といった単純で単調な話ではもちろんありません。もう少し複雑な話を展開するために、もう一度以前に（一〇一―一〇二頁で）提出した課題を思い出してみましょう。「大衆インテリ」という西洋語であれば形容矛盾ともいえる言葉で語ることのできる日本的文脈に目を向けることで、大衆という語の特徴をとらえてみよう、というのがその課題でした。

先に引用した階級意識の欠如について指摘したマルクス経済学者の櫛田民蔵は、福島県の農家の長男に生まれ、筒井さんの指摘にあったように学歴を通じてエリートとなった「学歴エリート」の一人です。櫛田の例に見るように、国民の間の階級意識の欠如という認識の担い手が、エリートとも大衆とも、どちらともいえない、あるいはそのどちらでもあるという特徴を併せ持つ「大衆インテリ」だったとすれば、鋭い階級対立と明確な階級意識を持つと想定される当時のイギリスのような社会のエリートに比べ、知識人自らのアイデンティティが階級的な希薄さをもってしまうことは避けられないでしょう。あるいは、西洋的知識の翻訳でできた当時の高等教育を受けた戦前の「大衆インテリ」にとって、階級という言葉が西洋からの借り物であることにも、容易に気づけたのではないでしょうか。もちろん、真摯にマルクス主義を信奉し、階級概念による日本社会の理解を徹底した論者がいなかったわけではありません。しかし、櫛田の発言やその前に引用した「普選雑想」の執筆者に見るように、日本の現実とイギリスとの違いを痛感することで、西洋からの借り物の翻訳語の威力が薄れていったことは十分に考えられるでしょう。画然とした階級文化を基盤にエリートとなるフランスやイギリスのエリートとは異なり、階級文化の支えもなく学歴上昇によってエリート＝インテリとなった戦前の知識人にとって、翻訳学問によって導かれた階級概念や理論が、日本の現実とうまく適合しない、そうしたギャップを実感しやすかったのではないか。自らの学歴上昇が翻訳学問に依っていたことを実体験しているだけに、西洋と日本との相違も認識しやすかったでしょう。

それに比べると、大衆の語は、曖昧さを特徴とするだけに適用の範囲は広がっていきます。「工場労働者、農民も、小商人も、安月給取りも」含む「国民の大多数者」を言い当てようとするのですから、その曖昧かつ包括的なカテゴリーである大衆の使い勝手がよかったのでしょう。

そうだとすると、竹内さんが作り出した「大衆インテリ」という日本の知識人理解は絶妙です。エリートとも大衆とも、どちらともいえない、どちらでもありうるというその特徴は、階級概念よりも、はるかに大衆概念に近いからです。命題ふうにいえば、「大衆インテリ」は翻訳学問でできていた、となります。そしてその読者層を含めた「大衆インテリ」の成立を可能にした重要な要因が、旧制私立専門学校・旧制私立大学の拡大を中心とした高等教育の拡張（前述の一九一九年の大学令により「官立」大学の設置もそれに寄与します）にあったと考えられるのです。

メイキング・オブ風に言えば、実はこれは後知恵で、大衆という概念のこうした特徴を私が知っていたから、竹内さんの本を読んだときに「大衆インテリ」という言葉が目に飛び込んできたのです。西洋語にしたら形容矛盾に陥るこの言葉の発明は、日本の知識人を理解する上で卓抜な概念であるだけでなく、日本の大衆を理解する上でも重要な貢献をなす概念だと思います。

†階級と大衆

ここで少し日本を離れて、英語圏におけるclassとmassという二つの概念の関係についての議論を挟んでおきたいと思います。これも研究ノートから取り出した知識ですが、Asa Briggs 'The Language of "Mass" and "Masses" in Nineteenth-century England'（David E. Martin and David Rubinstein（eds）, 1979, *Ideology and the Labour Movement: Essays Presented to John Saville*, London/Totowa, pp.62-83）からの引用二つです。

一つ目は、

社会主義者の用法においては、elitesとの対比においてmassが使われた。（Briggs 1979, p.70）

Educated or notが基準とされた。'mass of uneducated men'（Biggs 1979, p.71）

という箇所です。イギリスの社会主義者の用法では、mass は elites と対立する言葉として使われ、教育を受けているか否かがその二つを分けるというのです。このような用法がイギリスで定着しているとすれば、竹内さんの「大衆インテリ」という概念の日本的特徴は際立ちます。

もう一つは、class との違いについての次の箇所です。

「class 階級」という言葉の使用は、必然的に重要な社会的関係の理解を伴う。「mass」や「masses」という言葉の使用は、しばしば、そのことの理解やそのことに関するコミュニケーションの失敗を伴う。現実の人々が抽象的なものに変えられてしまう。(Briggs 1979, p.76)

この区別はきわめて重要です。階級の方は、「必然的に重要な社会的関係の理解を伴う」というのです。資本家階級の対として労働者階級やプロレタリア階級があるという、関係性を軸とした理解を助けるのが「class 階級」だというのです。それに対し、

「mass」や「masses」の方は、そのような社会的関係の理解を明確に伴うことなく、「現実の人々が抽象的なものに変えられてしまう」、それゆえこれらの語が指示する対象の理解やそれに関するコミュニケーションの失敗を伴うというのです。このイギリスでの議論を参考にすると、「社会的関係の理解」を前提とした階級と、それを欠き、現実の人びとを「抽象的なもの」に変えてしまう大衆との違いは、たんに後者が曖昧で包括的だということを超えて、私たちの社会認識の仕方に影響しそうです。ブリッグスの議論を敷衍すれば、対立や葛藤、妥協や忖度などの社会的関係の理解を前提にした階級概念が定着せず、現実の人びとを「抽象的なもの」に変えてしまう「大衆」が根づいたこととの違いです。「大学の大衆化」というテーマに引きつければ、階級を前提に高等教育の拡大と変容を論じる（トロウのような）場合と、階級概念とは関係なく高等教育の拡大と変容を「大衆化」として認識し論じる場合との違いです。このあたりは、リサーチを広げていく上で手がかりとなりそうな発見です。

最後に少しだけこの章のこれまでの議論について、メイキング・オブ風の解説を加えておきましょう。ここでの議論は、研究ノートにすでに記載されていた知識に頼って展開されたものでした。「大衆」の語にこだわって大衆教育社会論を書くという目的で作ってきたノートです。ですから知識の引き出しはある程度豊富にもっていたことになります。しかし、それらをどのように使って翻訳学問や大学の大衆化とつなげるかという見取り図がノートにあったわけではありません。まずは翻訳学問↓日本の高等教育の拡大（「大衆化」の準備段階）↓翻訳学問による社会認識といったおおまかな流れを考え、この章の文章を書きました。そのときにずっと頭のなかにあったのは竹内洋さんの「大衆インテリ」という魅力的な概念をどのように使いこなすか、それを「大衆」の語へのこだわり、その語の発明と旧制私立専門学校・旧制私立大学の拡張期の同時代性という私なりの発見とどう絡めるかという問題意識でした。

もうひとつ付け加えておけば、大衆の語の特徴を明らかにする上で、その対となる概念との比較検討は最初から不可欠だと思っていました。一つの概念にこだわるだけでなく、一度それを相対化するためにも、対となる（あるいは隣接する）概念について考えてみることで視野は広がります。最後に引用したブリッグスの文献もそういう関心からすでに読んでいました。ただそれをどのように使って、今回のサブテーマである翻訳学問の発達、旧制私立専門学校の拡大を中心とした高等教育の拡張、そして大衆の語の発明の三者の同時代性の意味の検討につなげるか。それを意識しながら論じようとしました。マルクスボーイへの着眼も、こうした意識から生まれたものです。こうやっていくつか軸になりそうなサブテーマを意識しつつ、新しい知識を見つけたり、関連づけていくことを試みたわけです。

階級との対比で見えてきた、「社会的関係の理解」を前提にするか否かという視点は、どうやら「大学の大衆化」が示す「量的拡大と変容」という現象の理解の仕方を左右することになりそうです。

第5章　こぼれおちる概念——「階級」と「（社会）階層」

前章の最後の部分で、イギリスにおける歴史研究を参照し、階級という概念と大衆という概念の比較を行いました。そこでは、二つの概念間の最大の違いは、社会的関係を前提としたカテゴリー＝階級と、それを前提としていない、現実の人びとを「抽象的なもの」に変えてしまう大衆との違いにあることに着目しました。さらに前章の考察では、一九二〇年代の日本の左翼系知識人にとって、国民の間に明確な「無産」階級＝プロレタリアートの意識が根づいていないことが問題であったこと（階級意識の欠如）も確認しました。その後、階級の概念は政府の思想統制の影響もあって、戦前の日本では社会認識の道具としてしっかりと定着することがなかったことにも触れました。

本章の課題は、このような二つの概念の比較から得た文脈に、「大学の大衆化」というテーマを位置づけることで、新たなリサーチ・クエスチョンの発掘を試みることです。

†トロウ論文における「階級」

そこで最初に行ったのは、日本における「大学の大衆化」という見方を普及させる上で理論的なインパクトを与えたマーチン・トロウの論文を、今度は「階級」という視点から読み直してみることでした。英語の原著論文と翻訳との比較という試みは第2章でも行いましたが、今度はさらに階級という言葉の使い方に焦点を当てて再検討してみるのです。このような試みを通じて、トロウの原著論文にはあった階級的な視点を確認することができると考えたのです。そして、その先にあるのは、トロウ論文の影響を受けた日本における「大学の大衆化」の議論との比較です。階級概念は、戦後の日本では一時期復活しますが、それが十分根づくことなく今日に至っているという見当をつけた上で、階級概念なき大学の大衆化論の特徴をあぶり出す。そのための最初の作業として、トロウ論文の再読を位置づけるのです。

日本のその後の研究や言説に多大な影響を及ぼした"The Expansion and Transformation of Higher Education"（1972）＝日本語訳タイトル「高等教育の大衆化」には、クラスルームといった意味で使われるclassのほかに、階級と訳すことのできるclass(es)の語がたびたび登場します。たとえば、mass higher educationへの移行を促す要因について論じた箇所（日本語は私の訳です。以下同じ）には、

There are still powerful forces both within the colleges and universities and in the larger society pressing for increased enrollments and enrollment rates in every class, race and region. 大学内にも、より大きな社会にも、あらゆる階級、人種、地域における入学者数と入学率の増加を求める強力な勢力が依然として存在する。（Trow 1972, p.61）

とあります。あらゆる階級、人種、地域によらず、大学進学を求める勢力について論じる際に、階級概念が人種や地域といったカテゴリーと並んで言及されます。

もう一箇所引用すれば次の箇所です。

If educational opportunities become much more common and widespread for adults, then that is likely greatly to reduce class differentials in higher education. もし教育の機会が成人にとってより一般的に広く普及するようになれば、高等教育における階級間格差は大幅に縮小する可能性が高い。（Trow 1972, p.73)

ここでは高等教育レベルでの教育機会の拡大が「階級間格差」の縮小と結びつけて論じられています。さらに第2章で先の論文と並んで検討したDaedalusの論文の中にも、階級概念への言及が見られました。エリート型からマス型へと高等教育が移行することについて論じた箇所です。一箇所だけ引用します。

Throughout the class structure, already fully accomplished in the upper-middle but increasingly so in the lower-middle and working classes, "going to college" comes to be seen as not just appropriate for people of wealth or extraordinary talent or ambition, but as possible and desirable for youngsters of quite ordinary talent and ambition, and increasingly for people with little of either. 中の上階級ではすでに十分に達成されているが、中の下階級や労働者階級ではますます大学に進学する傾向が強まっている。

階級構造全体を通じて、「大学進学」は裕福な人々や並外れた才能や野心を持つ人々だけにふさわしいものではなく、ごく普通の才能や野心を持つ若者にも可能であり、望ましいものであるとみなされるようになり、そのどちらともいえない人々もますます増えている。(Trow 1970, p.3)

引用したこれらの文章にあるように、マス型高等教育の理論的なモデルとなり、日本における高等教育の「大衆化」の議論のもとになったトロウ自身の議論の中では、階級や階級構造への言及がみられました。どちらかと言えば、階級の違いを超えて高等教育の機会が拡大していくことを、マス型高等教育の重要な特徴と見ていたことがわかります。たんなる高等教育の拡大という量的な面でとらえられる認識ではなかったということです。

†日本における大学の「大衆化」と階級

このようにトロウ論文に階級の概念が織り込まれ、使われていたことを確認した上で、つぎに、それでは日本における高等教育の大衆化の議論において、階級はどのように言及されていたのかを見ていきましょう。最初に見るのは、この分野の代表的な論文集とも言える『大衆化する大学』（岩波書店、二〇一三）をタイトルにもつ本の序論です。トロウの「拡大と変容」論文中のエリート段階の特徴の残存に言及する中で、編者の一人でもある濱中淳子さんは次のように述べます。

社会階層という要素を垣間みることはできるものの、明らかな階級制度をもたない日本社会において、何をもって「エリート段階の教育」とみなすかは、議論を要するところがある。例えばトロウは、エリート段階の教育が担うことになる機能として、「エリート・支配階級の精神や性格の形成」を挙げているが、支配階級といわれても実感がわかないというのが率直なところではないだろうか。ただ、「エリート段階の教育」を「選抜性の高い大学の教育」や「（研究や上級訓練を担う）上級教育」に置き換えれば、日本の文脈でも、その実態や課題、今後のゆくえは十分に検討すべきテーマになろう。（濱中二〇一三、一〇―一一頁）

この引用から注目すべき箇所を二つ指摘すると、一つは「社会階層という要素を垣間みることはできるものの、明らかな階級制度をもたない日本社会において」と述べているところです。社会階層と階級制度を対比しつつ、後者をもたない点に日本社会の特徴を見ています。もう一つは、「支配階級といわれても実感がわかないというのが率直なところ」と述べた上で、「エリート・支配階級」と強い関連をもつ「エリート段階の教育」の代わりに、「選抜性の高い大学の教育」を「エリート段階の教育」に置き換えることを提案している点です。階級色を脱色した置き換えと言えるでしょう。

前者の論点は、この本が出版された二〇一三年段階（すでに「格差社会論」はある程度広まっていました——後述の議論参照）でも、高等教育研究の専門家のひとりが「明らかな階級制度をもたない」と日本社会を認識していることを意味します。留意すべきは階級制度の代わりに「社会階層という要素を垣間みることはできる」と、階級ではなく階層という視点の有効性を認めている点です。この点は、階級制度の有無と、社会階層の存在という紛らわしい概念間の違いを論じる必要を示唆します（後で論じます）。後者の指摘は、明確なエリート・支配階級と関係する「エリート段階の教育」をそのまま日本の文脈で論じることの難しさに言及しています。支配階級との関係を前提にせず、「選抜性の高い大学の教育」を「エリート教育」に置換することで、エリートからマスへの移行についても論じられるだろうという示唆を含みます。この指摘は、日本の知識階級の文化的特徴を、大衆文化と明確な境界をもたないと主張した議論で登場した「学歴エリート≒大衆インテリ」とも通底するでしょう。

第一の論点について、ここでもトロウの原著論文と翻訳書との間の比較を行ってみることにしましょう。先に私が原著論文から翻訳して引用した一つ目の、「大学内にも、より大きな社会にも、あらゆる階級、人種、地域における入学者数と入学率の増加を求める強力な勢力」（Trow 1972, p.61）は、翻訳書では「むろん大学のなかにも社会にも、あらゆる階層、人種、地域をこえて、学生数をさらにふやし、在学率をいっそう高めるよう強いる圧力」（訳書四頁）となっています。英語の class ＝階級がここでは階層と訳されています。

もう一つの箇所も見てみましょう。「もし教育の機会が成人にとってより一般的に広く普及するようになれば、高等教育における階級間格差は大幅に縮小する可能性が高い」（Trow 1972, p.73）は、翻訳書では、「もし成人の教育の機会がいまよりはるかに一般化し普及するようになれば、高等教育における階層格差の縮小の可能性は大いにたかまるであろう」（訳書三九頁）となっています。ここでも class differentials ＝階級格差が、階層格差と訳されています。

それでは class は一貫して階級ではなく階層と訳されているかというとそうではありま

せん。たとえばイギリスの高等教育について論じている箇所では、「学問を中産階級のみに制限しようとする反動的な努力」（訳書三八頁）というように階級の語が使われます。さらに興味深いことに、翻訳書の同じページ（九〇頁）内でも、「労働者階級の子弟」という言葉の次の行に「中流の上の階層の子弟」が登場します。原文の class がこのように階級と訳されたり階層と訳されたりするのです。しかし翻訳書全体を見ると階級よりも階層と訳される場合が多いようです。大まかな傾向としては、一般的には階層が使われ、エリート教育やヨーロッパの高等教育を論じる際に階級が使われている印象を受けます。

階級と階層が互換的に訳されているといえるのですが、社会学者の立場からこれらの翻訳語の混淆をみると、厳密さに欠けるこの翻訳は、階級と階層を同一視しても問題ないと訳者たちが考えているような印象を与えます。厳密に訳すのであれば、たとえ階層の語を使うとしても、その原語が class であることに触れるでしょう。あるいはこのような互換的な訳しかたが許されていること自体、階級概念が日本で十分に定着していないことの証拠のようにも受け取れます。

†階級と階層小論

このように論を進めてくると、当然の流れとして、それでは階級と階層はどのように違うのか、さらには階級と階層が互換的に使われる日本における社会科学的な議論の文脈とはどのようなものか、といった疑問が浮かんでくるでしょう。階級と階層の違いという第一の問いは、すぐにでも論じる必要性を感じさせます。しかし、メイキング・オブ風にいえば、ここで少し「待った」が必要です。

階級概念と階層概念の理論的な検討は、社会学の中でこれまで数多く行われてきました。文献の数も半端ではありません。膨大な知識がすでに存在します。そのような大きな知識の壁の前に、正直、私はたじろぎました。これまでの知識を駆使して、この壁に挑むこともできないわけではありません。しかし、その膨大な階級論、階層論を参照に、ここで展開するのが論の進め方として不可欠なのか、正しい着手なのか、そう自問しました。そしてしばしば学生の論文指導していたときのことを思い出しました。学生を指導していると、身の丈を越えた問題の大きな山中に学生が深く入り込んでしまい、出口が見つからなくなってしまうことが少なくないのです。重要かつ大きな問題を目の前にしたときにどうしたらよいか。真っ正面から立ち向かうというのも潔くていいように思われますが、その前に、そこで本当に論じたいことは何かについて、少し立ち止まって考えてみることが必要なときがあるのです。

そこで本章の課題に立ち戻る必要があります。それは、階級と階層という二つの概念の比較から得た文脈に、「大学の大衆化」というテーマを位置づけることで、新たなリサーチ・クエスチョンを発掘してみようということでした。そこに立ち戻れば、その範囲で、階級と階層の違いを論じればいいのではないか。あくまで「大衆」の語にこだわっているという軸足を確認しながら、その基軸に関連する範囲で、階級と階層について論じていけばよい、と暫定的に検討の範囲を定めておきます。そうすることで、底なし沼のような階級論と階層論の厳密な理論的検討に陥らないようにする。研究のスコープを狭めに設定することで、迷子になることを防ぐのです。

正直に告白すれば、今書いているこの部分に至るまで、これまで読んできた階級論や階層論の文献を引っ張り出して、どういう議論を展開するかを考えました。言いたいことはたくさんある、しかしそれを整合的にきちんと論じるとなると、前提となる知識の提示を含め、そうとうな作業が必要になるだろう。そのような見込みを付けて、深入りを避けようという判断に至ったのです。ですから最小限の議論にここではとどめます（実際には本章の後半でそれを多少拡大して行います）。

いろいろな文献を見ると、概略、戦後の日本で階級概念が根づかなかった理由の一つは、その政治色が忌避されたことにあるようです。敗戦後一時期マルクス主義が復活し、日本の知識人の間に強い影響を及ぼす時期がありました。日本全体が貧しい時代を体験し、さらにそこに学問の自由、思想信条の自由を獲得した戦後の出来事です。しかし、当然ながらそれはある政治勢力や労働組合との強い結びつきを前提にしていました。そのような政治性を伴った言葉として、それに与しない専門家によって階級が忌避されるようになったというのです。「政治の時代」が終わり、日本が高度経済成長を迎えたことでその傾向に拍車がかかったということもあるでしょう。七〇年代に入ると、左翼のセクト間の醜い闘争もマルクス離れに拍車をかけました。戦後の日本でも、マルクス主義の影響下にあった階級概念は定着を見なかったわけです。

生産手段の有無を軸とした資本家階級と労働者階級との対立や、前者による後者の搾取といった指摘は、一部の人びとを引きつけたものの、階級は社会全体で日常語として使われるまでには至らなかったのです。さらに専門書を繙《ひもと》けば、マックス・ウェーバーの影響を受けた階級概念についても多くが書かれています。そこでは階級は生産手段の有無にかぎらず、「市場における利害（関係）」によって分類できる「客観的な特質」といわれます。この表現を見るだけでも、専門的な知識がないとなかなか理解できない定義です。いずれにしても、西洋語圏では、日常語としてclassがすでに定着しており、それが学問的な術語としても使われたこととの違いでもあります。翻訳語としての「階級」の（政治的・イデオロギー的な部分を含んだ）よそよそしさもあったでしょう。

他方、（社会）階層は、マルクス主義の影響下にある階級概念を嫌った、（日本の）社会科学者（とくに社会学者）によって使われ出した学術用語です。もとの英語は、social strataです。strataは地層を意味する言葉ですが、地層の重なりを連想する表現として社会構造の記述や分析に応用されたのでしょう。ただしこの言葉social strataは、英語の文献では用いられることが少ないようです。英語の文献では圧倒的にclassが使われます。そして社会学系の文献では、マルクス主義でなく主にウェーバーの「社会階級」をもととする概念に引き寄せて、日本語訳文献では「階層」が使われることもありました。

階層論の重要なポイントを一つあげれば、社会成層social stratificationという概念との組み合わせで「階層」概念が使われてきたことです。社会成層とは、社会において、社会経済（文化）的な資源の配分の結果、社会が階層的な層をなすこと、あるいはその過程や状態を言い当てる言葉です。そしてその層をなす単位として「社会経済的地位 Socio-Economic Status; SES」という概念が使われたり、それと近似の○○階層（たとえばノンマニュアル階層）や○○層（たとえば大企業ホワイトカラー層）といった言葉が使われるのです。class に比べれば、日常語からかけ離れた専門用語として「階層」あるいはＳＥＳは使われています。

階層概念は、政治色が薄いだけでなく、操作的な概念でもあります。操作的というのは、社会を観察する際に研究者が何らかの指標をもとにカテゴリーを作り、それを基準に社会を観察する道具として使うということです。社会学の分野では多くの場合、職業が社会経済的地位を代表する指標として用いられます。その際に、どのように職業を分類するか、そのやり方によって社会階層の分類が違ってきます。つまり、操作的だということは、統計的に社会全体をとらえようとする際には必要な手続きになりますが、そこでのカテゴリーが一般の人びとの認識とどれだけ重なるかという問題は残るということです。

もう一つ基礎的な知識として社会階層論について述べれば、それが社会成層という概念と深い結びつきがあるように、社会経済（文化）的な資源の配分の宛先（かつ配分の結果）

となる社会経済的地位の獲得に焦点を当てた研究が多く行われます。通常、社会移動の研究といわれ、人びとがどのように社会経済的地位の間を世代間（親から子へ）、世代内（ひとりの人のキャリアとして）で移動していくかを観察しようとする研究です。つまり社会階層は社会移動と深い結びつきを持った概念だということができます。

†「大衆」と「階級」の同時代性

そこで今度は大衆との関係です。同時代性ということを一つの視点とする本研究にとって、興味深い事実があります。それは、多くの西欧諸国では、階級社会がすでにあり、階級という概念も定着していた後に、「大衆」という言葉によって理解できる新しい社会が登場したという歴史の順序です。近代化や産業化の歴史が長く、階級社会の誕生も早かった西欧社会に、もう一つの社会の変化、あるいは社会認識の新たな枠組みとして、「大衆」概念が登場し使われるようになったのです。前章で参照したブリッグスの論文には、「社会主義者にとっては mass は working classes を意味した」（Briggs 1979, p.73）という記述がありました。mass は教育を受けていない多数者であったことから、それ以前からあった労働階級と互換的に mass が使われ出したのです。

日本の場合はどうでしょう。階級の語の使用の方が若干早いものの、大衆の語の発明と普及との時間差は西洋ほど大きくありません。ほぼ同時代に、いずれも翻訳語として西洋の思想や学問から輸入されたといってよいでしょう。しかし、その後、階級は定着せず、大衆は広く使われるようになります。その理由の一つに大衆の語の曖昧さや包括性（使い勝手）があるということは、すでに指摘したとおりです。

そこに階層概念を位置づけるとどうなるか。政治色の薄い、しかも専門用語で操作的に定義される（社会）階層は、よそよそしさはあるものの、政治的に手垢にまみれ、イデオロギー性を帯びた印象を持つ階級に比べ、曖昧で包括的な大衆となじみやすいことが予想できます。そうだとすれば、大学の大衆化を、階級概念を軸に論じる場合と、階層概念で論じる場合に、私たちの社会認識にどのような違いが生じるのか。階級概念を欠いたまま、大学の大衆化を階層論で語ることで、どのような認識の特徴が生まれるのか。このようなリサーチ・クエスチョンを引き出すことができます。

†階級概念なき「大学の大衆化」論

ここまで論を進めるにあたって最小限の範囲で、階級概念と階層概念の解説をしました。

あくまでも論の中心は、大学の大衆化を理解する文脈として、階級概念が用いられるのか、階層概念が用いられるのか、それによって大学の大衆化の認識や理解にどのような違いが生じるのかという当面のテーマに沿っての説明でした。そこですぐにでも、このテーマについての考察を進めたいところですが、ここでも少しだけ「待った」をかけたいと思います。英語の class を階層と訳したり階級と訳したりすること、さらにそれらがきちんと整序されるわけでもなく混在していることの意味について、日本の大学における思考の習性として、もうすこし考えておきたいと思ったのです。

第2章で柳父章さんの研究を参考に、日本の大学教育について私が持つ違和感の一つを、翻訳語の普及＝西洋的知識の受容において「濾過の過程」が見落とされることだと言語化しました。階層と階級の混在や、階層を class の訳だと言明することなく訳すことには、ここでいう「濾過の過程」の見落としが現れています。しかも、一度翻訳書が出ると、その後日本の読者の多くは原著を読まなくなります。今回私がやったように、しつこく、原著で使われる言葉と翻訳書の言葉の比較参照をすることは専門家の間でもあまりなされません。学生や一般の読者にとってはなおさらのことです。とすると、「濾過の過程」の見落としは、翻訳書によって当該の理論や考え方が広まって行くにつれて、さらに、より気づかれなくなります。

日本の大学は翻訳語でできているという大胆な仮説を第2章で提出しました。当然それは日本の大学の大衆化の動因であると同時にその結果でもあります。この仮説が一定の妥当性を持つとすれば（実際の研究では当然検証が必要です）、大学の大衆化は、文化の受容における「濾過の過程」の見落としを無数に生み出すことにつながっている可能性があります。しかも重要なことは、その見落としに気づくことなく、そのまま翻訳によって広まった知識が定着していくことです。アメリカの文脈では階級の概念を使って、高等教育の「量的拡大と変容」を論じたトロウの論文は、階級や階層の概念を混在した翻訳によって、日本の高等教育を論じる際の影響力の強い理論として受けいれられました。伝言ゲームではありませんが、そのような広がりを持ったことで、高等教育の量的な拡大と変容にばかり焦点を当てた理論的枠組みとして、トロウの議論は広まっていきました。階層を階級と訳していたらそのようにはならなかったと主張するつもりはありませんが、日本で階級概念が定着していないなかで生じた階級概念の脱落が、伝言ゲームの過程でこのようなかたちで広まったのでしょう。それゆえ、一二六頁で引用した濱中淳子さんのトロウ理論への言及にあったように、「明らかな階級制度をもたない日本社会」を前提にした議論が受けいれられるのだといえます。

翻訳学問を通じた文化の受容における「濾過の過程」の見落としは、当の理論が生まれた文脈と理論との関係を脱文脈化することに知らず知らずのうちに寄与しています。前に例として出した、教育社会学における「ペアレントクラシー」という概念の、誤用とはいえないまでも、脱文脈化された使われ方などは、「濾過の過程」の見落としの典型です。しかも、その見落とし自体が自覚されずに、知識の生産、再生産が翻訳学問を通じて行われ続ける。そこに日本の大学の大衆化の罠の一つがあるように思います。なぜなら、そのような脱文脈化は、もとの理論や概念の正確な理解の妨げになるだけでなく、そのように希釈あるいは曲解された概念によって日本社会を理解することで、日本社会の認識の仕方にも影響を及ぼす可能性があるからです。このような日本の大学における思考の習性は、厳密な議論の妨げにもなるでしょう。さらには、翻訳語のありがたさからエセ演繹型の思考も広く定着していきます。日本の現実から概念を編み出していく帰納型の思考の妨げにもなります。大学が生み出す知識が国民国家を超えた人類の知になるためには、このような思考の習性に気がつく必要があると私は考えます。日本の現実から日本を超えて貢献できる学問知を作り出すことに、日本語で研究を続ける日本の大学の使命があると考えるからです。そしてその一歩は、翻訳学問に埋め込まれた文化受容の「濾過の過程」の見落としに気づくことだと思います。

†階級概念の有効性

それでは階級概念を大学の大衆化を理解する道具立てとして用いることは、階層概念を用いることとどのような違いを生むのでしょうか。この問いに答えるためには、もう一度階級概念の特徴について論じる必要があります。この章の前半では階級理論の深い森の中には入り込まないという判断をしましたが、階層概念・階層理論との違いをもう少しだけ明らかにする必要は認めなければなりません。

最初に読み直したのは、今や現代の階級理論の古典といってもよい、イギリスの社会学者、アンソニー・ギデンズの『先進社会の階級構造』(市川統洋訳、みすず書房、一九七七)です。そこからこれからの議論にとって重要な箇所を抜き書きします。

一般的に、移動のチャンス――世代間、個人の経歴、ともども――の「封鎖性」が大きければ大きいほど、明確な階級の形成が促進される。なぜならば、世代間の移動における封鎖性の影響は、幾世代にわたる共通の生活経験を再生産することだからである。そしてこのような生活経験の同質化は、労働市場における個人の活動が、同一範囲の物質的報酬をもたらす職業に限定される度合いに応じて、強化されるからである。一般的に、階級の構造化は、ある特定化された市場能力形態との関係において存在する移動の封鎖性の度合いに応じて促進される、と考えることができるであろう。これに関して普通重要であると考えられうる、三種類の市場能力が存在する。それらは、生産手段の私的所有、教育上または技術上の資格の所有、および肉体的労働力の所有、の三つである。
（ギデンズ一九七七、一〇五頁）

ちょっと難しい文章ですが、要点は、明確な階級の形成にとって、（社会）移動のチャンスの「封鎖性 closure」（閉鎖性と訳されることもある）が重要だということです。世代間での社会移動のチャンスの配分が特定の社会集団に世代を超えて有利に働く場合に、「共通の生活経験」が世代間で再生産される。こうして生じる「生活経験の同質化」が階級の形成とその再生産に結びつくという主張です。それをギデンズは「階級の構造化」という言葉でとらえようとします。

もう一つ、最近の階級論から引用しましょう。これもイギリスの社会学者、マイク・サヴィジ著の『7つの階級　英国階級調査報告』(東洋経済新報社、舩山むつみ訳、二〇一九)からの引用です。サヴィジによれば、「不平等が階級として固定されるには、その利益がある程度長い間持続されなければならない」(サヴィジ二〇一九、四二頁)といいます。不平等の継続が階級を固定化させるという指摘であり、それにはある程度の時間(「不平等の持続」)が必要だというのです。また、別の箇所では、フランスの社会学者、ピエール・ブルデューの議論をもとに「どんな瞬間であろうとも、私たちは、それぞれに異なる財産、可能性、資源を受け継いで社会に生まれてくる。それゆえ、階級は歴史的に構築されるのだ」(サヴィジ、二〇一九、四五頁)ともいっています。

ギデンズも、サヴィジも、歴史(＝時間)の中に階級概念を位置づけています。そして人びとが、「それぞれに異なる財産、可能性、資源を受け継いで社会に生まれてくる」という事実、それがもたらす社会移動の封鎖性や不平等の継続性といった点に注目して階級概念による社会認識の重要性を主張するのです。ここでのポイントは歴史、すなわち時間の経過の中でとらえられるべき社会的カテゴリーという問題です。また、旧来の階級論との違いについては、これもブルデューの議論をもとにサヴィジは次のように指摘しています。

階級は、労働の区分（仕事によって単純に定義された）や、搾取のように道徳的な含みを付与された概念と混同するべきではなく、階級を分類するには、資源が不平等に形成されていく過程に着目すべきだということである。（前掲書、四三頁）

ちなみにギデンズの社会移動の封鎖性は、ここでいう「資源が不平等に形成されていく過程」を言い当てたものです。

ここまで論じてくると、（社会）階層の説明を以前したときの社会移動との関連性の違いが気になるでしょう。社会階層という概念を使って社会移動の封鎖性を論じることもできますが、そのおもととなっている英語圏の文献では、この場合、社会階層 social strata という概念は使われません。かわりに class が使われるのです。階級概念を使うことで、社会移動がどれだけ閉ざされているか、それがどれだけ継続することでどのような社会的カテゴリーが産出されるか。そこに注目するうえで、class 概念が使われるのです。

その点で、サヴィジは、階級を論じる際には避けて通れない問題を、さらにブルデューの論文から引用しています。社会移動との関連で、階級概念と関係を持たない階層理論と階級理論との違いを理解するために役に立つ文章です。

ルーレットを思い浮かべれば、ハンディのない純粋な競争や完全な機会の平等の世界をかなり正確に想像できる。ルーレットは、プレイヤーに一瞬のうちに巨額の富を手にして、ほぼ瞬時に別の社会階級にのし上がる機会を提供するが、同時に、手にした賞金は、次のゲームですべて失ってしまうこともある。それは、慣性のない世界、蓄積のない世界、相続や既得財産のない世界であり、そこでは、あらゆる瞬間は、それ以前のどの瞬間からも完全に独立している。(前掲書、四四頁)

ルーレットのような運任せで、「慣性のない世界、蓄積のない世界、相続や既得財産のない世界」に私たちは生きているのではない。「どんな瞬間であろうとも、私たちは、それぞれに異なる財産、可能性、資源を受け継いで社会に生まれてくる。それゆえ、階級は歴史的に構築される」。この点にこそ、階級概念を使うことで理解できる社会認識が示されています。もちろん、日本に限っていえば、階級概念を避け階層概念を使って同じことを指摘する論者もいます（その場合、たいていその文章を英訳すれば階層はclassになります）。しかし、階級概念から離れてしまうことで、より操作的で、ある意味では相対的な社会階層（≒社会経済的地位SES）の概念は、ここで見たような階級理論との深い結びつきを弛緩させてしまう可能性があるのです。

前に検討したトロウの原著論文をもう一度呼び出してみましょう。たとえば「もし教育の機会が成人にとってより一般的に広く普及するようになれば、高等教育における階級間格差は大幅に縮小する可能性が高い」（Trow 1972, p.73）という箇所の「階級間格差」を「階層間格差」と言いかえても、同じことを言っているのでしょうか。階級間格差が歴史的に時間をかけて構築された不平等だという理解を比較対象におけば、はたして高等教育の量的拡大によって、階級間格差を乗り越えることができるのか、といった問いが成り立ちます。あえてclassを階層と訳したという主張を行わない限り、階級概念がもつ理論的な蓄積やその含意を抜きに、「階層間格差」が理解されることにならないか。そのことで「歴史」≒過去からの蓄積が忘れ去られるのではないか。こういう疑問がわくのです。「層」か「級」かという日本語の漢字表記ではたった一文字の違いですが、その背後にある理論との関係や、その語が使われる文脈との関連を考えれば、この疑問は無視できるものではありません。

もう一点、トロウの議論と日本でのその翻訳による普及との関係に関連づけていえば、先に引用した濱中さんが、「エリート段階の教育」を「明らかな階級制度をもたない日本社会において」どう位置づけるかに苦慮した（？）文章を残していたことが注目に値します。トロウの議論ではマス段階になっても、「エリート段階の教育」は残るということをいっています。その場合、支配階級との関係をどのように見るか。階層概念では、そのための議論が難しくなります。チャンスの封鎖性を通じて、特権を世代間で伝達・享受してきた「支配階級」が日本になければ、階層論でもいいでしょう（毎回行われるルーレット＝「完全な機会の平等の世界」のように）。しかし、そのような封鎖性が時間をかけて社会におけるチャンスの配分構造を固定化してきたとすれば、それでもそれを階層と言い続けるのか、それとも欧米の例に倣って階級概念で論じるのかという選択が必要になります。社会階層で押し通すのであれば、それが英語の class の翻訳語だということを明示した方がよいでしょう。こういうことを曖昧にしたままで階層概念があたかも階級とは無関係の概念として日本で流通しているとすれば、ここにも「濾過の過程」の見落とし問題が生じています。

第6章

現実にそぐわない言葉の使われ方

これまでの議論を踏まえると、階級概念が社会に根づくことのなかった、あるいは意図的に階級概念の使用を避けてきた、日本における「大学の大衆化」の認識や議論が、どのような特徴を帯びてきたかを論じることができるでしょう。ここでは、とくに「階層」概念との関連性を中心に、この問題についてさらに検討してみたいと思います。

高等教育の量的拡大⇌大衆化によって、高等教育の機会が平等化したのかどうかという関心は、専門的研究者の間ではかなり早い時期から共有されていました。大学進学機会と「社会階層」との関係に関する、主に教育社会学者による研究です。そしてそこでの共通理解は、大学進学の機会と親の職業や学歴との関連性が統計的に有意に見られるということでした。ただ、興味深いのは、一九八〇年以前に発表された親の職業の影響を見た多くの研究は、社会階層という言葉を使わず、職業階層とか、たんに保護者の職業といったワーディングで、その関係を見ていたことです（たとえば江原武一「大衆化過程における高等教育機会の構造」『大学論集』第5集、一九七七）。また、私が見た限り、計量的な方法で進学機会と保護者の職業や学歴との関係を見た研究で階級概念を使っているものはその時代にはありませんでした。もっと詳しく調べれば出てくるのかもしれませんが、私の専門分野である教育社会学の主要な研究を見る限り、階級論も階層論も登場せずに、教育機会の均等が実現しているか否かを検証するための証拠として、保護者の職業（階層）との関係を見るという研究がほとんどでした。ただし、例外の一つとして秦政春「高等学校格差と教育機会の構造」（『教育社会学研究』第32集、一九七七）があります。そこでは「社会階層」や「出身階層」「高い階層」「低い階層」といった表現が登場します。また高校が階層構造を固定化するという表現も見られます。ただ、そこから、先に見た「階級」の構造化や固定化のような議論への発展は見られません。ここでは秦さんの論文の批判をしているのではなく、これも階級概念、階級理論との関連性が希薄なことの一例だといえることを指摘したいのです（それだけ専門家の間でも自覚せずにこうした翻訳語による概念が使われているということであり、まさに日本の大学が生み出してきた「日本人の」思考の習性の見本でもあると言えるのです)。

以上は教育社会学という専門分野での言説です。そこでの発見が社会に共有されたかどうかというと、そうではなかったようです。とくに、こうした専門家による統計的事実の発見は、政策論議に発展するほどの広がりをもったわけではなかったということです。

一九七五年に刊行された論文集『高等教育の大衆化』(清水義弘編著、第一法規)のなかで、ここでも天野郁夫先生が「大衆化の過程と構造」という章を書いています。このなかにここでの議論にとって興味深い次の一節、いわば「時代の証言」があります。

トロウによればマス段階への移行によって、高等教育の機会は、特定の階層の「特権」であることをやめ、すべての国民の「権利」として要求されるようになるという。そして「権利」としての教育は、いうまでもなく機会の均等化なしには保障されえない。その意味で「機会均等」は、マス段階を迎えた高等教育の最大の政策課題に他ならない。しかしわが国の場合、戦後の高等教育政策は、この課題にほとんど考慮をはらってこなかった。流動的な階層構造と開放的な「単線型」の学校体系の下での急激な量的拡大は、高教育機会の自動的な均等化を約束すると考えられるかも知れない。しかし実際には、高等教育機会がむしろ不均等化の方向に向かっていることは、すでに第三節でも指摘した通りである。その経営構造から進学者に多額の教育費を要求する私立大学中心の量的拡大は、進学の経済的制約を低減させるよりも逆に高めるものであった。(天野一九七五、一三二—一三三頁)

これまで見てきたトロウの理論をもとに、高等教育の大衆化＝「マス段階への移行」が、「機会の均等化」という政策課題を導いていることを指摘しています。特定の階層(階級ではない!)の「特権」から、すべての国民の「権利」になるかどうかという問題です。そのあとで、「しかしわが国の場合、戦後の高等教育政策は、この課題にほとんど考慮をはらってこなかった。流動的な階層構造と開放的な「単線型」の学校体系の下での急激な量的拡大は、教育機会の自動的な均等化を約束すると考えられるかも知れない」と言っているところがポイントです。当時の日本政府にとっては、高等教育の量的拡大が誰にどれだけ有利にチャンスの配分が行われているか、あるいは逆にチャンスの封鎖化を進めているかといった問題は、政策課題や政府の関心事になっていなかった、そう指摘しているのです。そしてさらに興味深いことに、その理由の一つとして、「流動的な階層構造と開放的な「単線型」の学校体系の下での急激な量的拡大は、教育機会の自動的な均等化を約束する」と考えられていたのではないかという推論を行っています。この「流動的な階層構造」という指摘は、階級の固定化とは正反対の社会認識です（ですからこの場合「階層」でいいのでしょう）。さらに「「単線型」の学校体系の下での急激な量的拡大」は大衆化の概念と結びつきを持つようにも思われます。たんなる量的な拡大ではなく、「単線型」の、つまり「みんな同じ」（と見なせる）学校体系における機会の拡大が、階級概念が希薄な社会認識のもとで、「教育機会の自動的な均等化を約束する」と考えられていたのかもしれません。

「流動的な階層構造」と「「単線型」の学校体系の下での急激な量的拡大」という二つのキーフレーズは、大学の大衆化を考える上で有効な分析枠組みを提供してくれる予感がします。階級と階層の比較考量を通じたこれまでの分析の一つの到達点といってよいでしょう。

†「流動的な階層構造」の秘密

以上の議論（階級論と階層論の違い、階級概念を欠いた日本の大学大衆化論等々）を踏まえた上で、大学の大衆化という現象の日本的理解の特徴について、さらに議論を進めていきましょう。注目するポイントは二つです。一つは先の濱中淳子さんの記述にあったように、「明らかな階級制度をもたない日本社会」という認識が専門家の間でも定着していることです。そして二つ目は、それと呼応するように、天野郁夫先生のいわば同時代の証言の中で、一九七〇年代の日本社会の特徴を「流動的な階層構造」と見る見方が示されていたことです。両者をあわせると、「階級制度」をもたない「流動的な階層構造」のもとで、大学教育の量的拡大が進んでいった。こうした日本社会の認識をもとに、大学教育の量的拡大を「大衆化」として理解するのです。そこにどのような特徴が埋め込まれていたのか。そのことをもう少し掘り下げてみましょう。

はじめに、この二つの指摘の関係について考えておきましょう。先に見たように、流動的な階層構造が、ある時代のある社会の特徴だとすれば、そのような認識をもたらす社会の状況は、階級理論の検討を通じて取り出した、「社会移動の封鎖性」という認識に反するように見えます。社会移動が流動的であるとすれば、その社会はその封鎖性によって立ち現れるはずの階級社会――世代を超えて資源が不平等に形成・配分され、それが再生産される社会――とは明らかに異なるとみなすことができるからです。そうだとすれば、社会移動の封鎖性が顕著ではない、それゆえ「流動的な階層構造」を特徴とする社会は、「明らかな階級制度」を持たない社会だという認識の正しさを支えているようにも見えます。あるいはさらに、大学教育の量的拡大という現象自体を、社会移動のための機会の拡大だとみなせば、それが「流動的な階層構造」の一面を捉えているという認識につながったといえるのかもしれません。これらの推論が可能だとすれば、日本における大学教育の量的拡大は、「階級」を前提とすることなく、社会「階層」の視点から論じることに問題がないように思えます。階級概念を用いることなく、「明確な階級制度のない」「流動的な階層構造」――その流動性に寄与する大学教育の量的拡大≒「大学の大衆化」という連なりは、(一見)矛盾なく理解できます。

しかし、気になる点があります。天野先生がその記述のなかで、その当時の文部省の「学生生活調査」の分析結果をもとに、高等教育の機会が拡大しているにもかかわらず、「高等教育機会」が「不均等化の方向に向かっている」(天野一九七五、一三三頁)と指摘していた点です。量の拡大≒大衆化が、自動的に機会の均等化に向かう訳ではないというのです。「不均等化の方向に向かっている」ことは「流動的な階層構造」と矛盾しないのか。あるいは「不均等化の方向に向かっている」ことは「社会移動の封鎖性」を意味するのか。これらはいずれも微妙ですが重要な問題です。

†絶対移動と相対移動

この問題に分け入るために、一対の概念を導入したいと思います。それは世代間の社会移動にかかわる二つの概念、すなわち、絶対移動と相対移動です。親の世代から子の世代に、例えば職業カテゴリー間の移動があった場合の移動の総量を表すのが、絶対移動（強制移動とか構造移動と呼ばれることもあります）です。親の世代と子の世代で職業全体の構成に大きな変化がある場合、たとえば農業従事者が急速に減少し、それに代わってホワイトカラー職やブルーカラー職に就く人びとが増加するような「構造的」な変化が生じた場合、絶対移動の量は大きくなります。それは、いわば「事実としての移動量」を捉える概念です（石田浩・三輪哲、二〇〇九「階層移動から見た日本社会」『社会学評論』59（4）、六四八―六六二頁）。

それに対し、相対移動とは、絶対移動が捉える構造的な（この場合であれば）職業構成の変化の影響を取り除いてみた場合に、他のカテゴリーの人と比べたあるカテゴリーの人びとの相対的な移動のチャンスを捉えるための概念です。たとえば、農家に生まれた子どもと、ホワイトカラーの親の家庭に生まれた子どもで、大人になったときにホワイトカラー職に就くチャンス（あるいは逆に農業に就くチャンス）はどちらが大きいのかを、農業やホワイトカラー職といった世代間での構造的な変化の影響を除いて把握しようとするのです。親のそれぞれの職業カテゴリーごとの子ども世代での移動のチャンスの「相対的な」大きさを見ることで、構造的な変化によらずに、その社会がどれだけ流動的かを見るための概念といってよいでしょう。また、ここでは職業を例にカテゴリー間の違いについて述べましたが、親の最終学歴と子どもの最終学歴の間の「移動」（しばしば世代間の学歴移動と呼ばれます）のように、学歴・教育というカテゴリーにも応用可能な考えです。例えば、大学進学の機会が量的に拡大している場合、親の世代に比べ子どもの世代の方が、絶対的（構造的）な学歴移動の量は多くなる、そういうことが言えるのです。逆に相対移動の概念を使えば、親が大卒の場合と高卒の場合で、子どもが大卒になる相対的なチャンスは、大学進学機会の量的拡大（構造的な変化）の影響を取り除いた場合にどの程度異なるのか、といったことを捉えることができます。

これまで、構造的な変化の影響を取り除いた場合と言ってきましたが、それを行うには高度な統計的手法が必要になります。その詳細はここでは省きますが、「事実としての移動量」を捉える絶対移動が、その時代を生きている人びとの実感に近いのに対し、相対移動で捉えようとする相対的なチャンスの差異（機会の不平等の程度）を理解するためには、社会科学的な知識が必要になります。とくに構造的な変化が大きな時代（農業人口の減少とか、ホワイトカラー職の増大とか、大学進学者の急拡大とか）に目に見えやすいのは、社会の変化によって構造的に増えているチャンスであって、（高度な統計的知識を用いて認識できる）相対的なチャンスの違いではありません。

†社会の流動化という認識

この対概念を使うことで、先に微妙な問題と言った部分をもう少し深掘りすることができます。一九七五年時点での天野先生の「同時代の証言」は、一九五〇〜七〇年代に生じた、職業の大規模な構造的な変化や、大学進学者数の量的増大といった「絶対移動」の大きさを感じさせるものであった可能性があります。その時代の日本人にとって、農業人口が急速に減少し、それに代わって雇用者が大きく増大する社会の構造的な変化は、高校教育や大学教育の量的な拡大と相まって、親の世代とは異なる教育を受け、親の世代とは異なる職業に就くチャンスが実際に拡大していく時代だと感じられたはずです。そうだとすれば、絶対移動という認識枠組みで見るかぎり、「流動的な階層構造」という見方が的外れだとは言えなくなります。高等教育が量的な拡大を遂げたことも、前の世代に比べ、大学に行くチャンスが格段に増えた時代として、社会の流動性を印象づけたことでしょう。つまり、同時代の人びとの視線から見れば、親の世代に比べチャンス＝機会が大幅に拡大した「流動的な階層構造」を印象づける社会認識が得やすかったと言えるのです。そのような時代には、社会移動の封鎖性（やそれへの関心）は後景に退き、人びとの目につかなくなった可能性があります。ただし、これは認識レベルの話です。

他方、天野先生が指摘した、高等教育への進学機会が「不均等化の方向に向かっている」という認識は、絶対移動として捉えられたものでないことは明らかです。機会の総量自体は拡大していたからです。天野先生の指摘は、その当時の文部省「学生生活調査」のデータをもとに、各家計の所得階層ごとの「機会均等指数」（説明を省きますが統計手法によって得られる数字です）の結果から得られた統計量にもとづいていました。家計の所得階層ごとの相対的な大学進学機会（進学のしやすさ）を示す、先ほどの相対移動として理解できる現象を捉えたものです。所得五分位で示された所得階層ごとの「機会均等指数」を一九六一年、六八年、七二年の三時点で比べると、六一年に比べ七二年では上位二〇％

の所得階層の出身者は、下位二〇％の出身者に比べ、大学進学の機会を相対的により多く享受していることが示されたのです。全体として大学進学者は量的に拡大しました。にもかかわらず、家計の所得階層ごとに相対的に見た大学進学のチャンスの開かれ方はより狭まっている、そういう傾向を指して「不均等化の方向に向かっている」と指摘したのです。全体としての進学者数が増えても、それがどれだけ（この場合であれば家計の所得階層によって）偏って増えているか。進学率が一〇〇％にならない限り、その偏りには相対的な違いが生じます。

しかしこのような偏りやその変化・不変化は、大学数や進学者数の急拡大という目に見えやすい変化に比べると、先にのべた社会移動における相対移動と同様に、誰にでも明白に観察・把握できるわけではありません（少なくとも「機会均等指数」の意味を理解しなければなりません）。とくに大学や進学者の数が大幅に増えている時代であれば、大学進学のチャンスの総量は実際に増えているのですから、多くの人は、相対的なチャンスの違いの変化・不変化より、絶対的なチャンスの増加に目が向いたでしょう。その時代が、ホワイトカラー職や専門・管理職もまた増えていた時代であることと重ねれば、社会移動の機会の拡大や流動性の増大に目が行き、相対的な格差の変化・不変化にはますます目が向かなくなります。言い換えれば、一九五〇～七〇年代の日本のように、機会の絶対量が大きく変化する時代は、絶対移動に目が行きやすく、相対移動に見られる様々なカテゴリー間（親の職業ごととか、家計の所得階層ごととか、親の学歴ごととか）の相対的なチャンスの違いに変化がなかったか、あるいは拡大していたとしても同時代の社会認識としては「流動的な階層構造」を印象づけることになるのです。そしてそれが機会が「不均等化の方向に向かっている」認識の広まりを妨げるのです。

ここでは詳しいデータの紹介は省きますが、その後の社会学における社会移動の実証研究を見ると、絶対移動の総量が大きくなった一九五〇～七〇年代においても、相対移動でみると、大きな変化は見られないという結果が得られています（石田・三輪二〇〇九、前掲論文）。相対的に測定される社会移動の流動性（あるいは機会の不平等の度合い）は、近年まで安定している、つまり絶対移動が顕著な時代であっても、職業カテゴリーで見た世代間の社会移動の相対的なチャンスの差は維持されていたということです。

大学進学機会についても同じようなことが中村高康さんによって指摘されています。すなわち、大学進学者数や進学率が拡大した時代とその後を比べると、親の学歴が子どもの学歴達成に及ぼす相対的な影響の強さは、「おおむね安定的に推移している」（中村高康、二〇一八「相対的学歴指標と教育機会の趨勢分析」『理論と方法』33（2）、二四七―二六〇頁）と指摘されているのです。ここでも、絶対移動の変化の大きさ（進学者数や進学率の拡大）が導く印象とは異なり、親の学歴ごとに見たより上位の学歴取得機会の差異には、大きな変化がなかったと言うのです。

ちなみに、社会移動の国際比較研究によれば、ここで指摘された世代間の相対移動の機会の差異は、日本の場合、先進国のなかで飛び抜けて小さいわけでも大きいわけでもない、特段、平等でも不平等でもないところに位置づけられると言われます。そうだとすれば、親の職業や学歴という面で見た、世代間の社会移動や教育達成の相対的なチャンスの不平等の度合いは、他の先進国並みだとみてよいでしょう。それが戦後「おおむね安定的に推移している」とすれば、相対的な有利不利で見た「社会移動の封鎖性」の点でも、日本だけが例外的に封鎖性の低い社会だった訳ではないという見解も可能になります。

†絶対移動と相対移動に見る主観性と客観性

メイキング・オブ風に言えば、ここで論じてきたのは、絶対移動と相対移動という社会学の対概念を応用することで、ある時代の社会認識がどのように作られていたかを見ようとした試みです。同時代の人びとの皮膚感覚に近い絶対移動の面で見れば、たしかに一九五〇〜七〇年代の戦後日本は、「流動的な階層構造」を特徴とする、それゆえ「明らかな階級制度をもたない」社会として、人びとの認識を許したでしょう。「社会移動の封鎖性」のない、機会が拡大する時代とみられていたといってもよいでしょう。大学教育にしても、それが量的に急拡大した時代は、機会の拡大を印象づけるにあまりあるリアリティを持っていたと想像できます。そのために階級概念によって把握できる、「社会移動の封鎖性」を特徴とする社会のイメージとは相容れない、それゆえ「明らかな階級制度をもたない」社会としての認識を広げたのでしょう。

それに対し、相対移動の概念で捉えることのできる、親の職業や学歴などのカテゴリー間の相対的な機会を統計的に観察・測定した結果を付け加えると、このイメージの基底にある何かが見えてきます。相対的に捉えれば、社会経済的に有利な家庭に生まれた子どもの相対的な大学進学のチャンスや社会移動のチャンスは、不利な家庭に生まれた子どものそれとかけ離れていて、その差異は戦後「おおむね安定的に推移」してきたのです。しかもその程度はほかの先進国並みであった。そういう「客観的」(統計的)に把握できる社会観察の結果をもとにすれば、絶対移動の大きさに印象づけられ、主観的に作られた同時代人の社会認識とのズレが顕わになります。こうして議論に使えそうな（主に社会学の量的研究で用いられてきた）対概念を当てはめることによって、作られるイメージと、人びとの目には見えにくいが潜在的に存在する社会の構造の特徴とのズレを問題にできたのです。言いかえれば、絶対移動と相対移動という対概念をここでの分析概念として使うことで、社会の見え方に関する考察を展開できたわけです。さらにいえば、私たちの社会認識がどのように作られていくか、その認識を枠づけている知識について、この対概念を用いることで、それなしでは難しい区別・仕分けができたのです。絶対移動を印象づける情報や知識の認識枠組みへの影響と、社会学者が統計的に把握できる相対移動の観察が提供する情報や知識の認識枠組みへの影響の違いを検討したといってもよいでしょう。計量的な社会学研究で使われる対概念のいわば知識社会学への応用です。ではそこに大学の大衆化はどのように関係するのか。

†「大学大衆化」イメージの日本的特徴

これまで計量的な階層移動研究で用いられる二つの概念、絶対移動と相対移動をここでの知識社会学的分析に応用してきました。それによって、一九五〇〜七〇年代の日本における「明らかな階級制度をもたない日本社会」（濱中）という認識や、それと符合する「流動的な階層構造」（天野）という認識について、なぜそのような社会イメージが定着してきたのかを検討しました。要約すれば、職業構造の急激な変化（農業従事者の縮小と雇用者の拡大）や高校教育・高等教育の機会の量的拡大といった「絶対移動」の大きさゆえに、社会階層の「流動性」が強調され、「社会移動の封鎖性」という階級概念で捉えられる現象が後景に退く。それが「明らかな階級制度をもたない日本社会」という認識を導くことを論じました。しかし他方で、「相対移動」の概念を使ってみれば、親の職業や学歴によって大学進学の機会やホワイトカラー職への入職の機会の相対的な差異は戦後日本においてほとんど変わっていないこと、しかもその差異の程度は、国際比較で見ても日本は他の先進国並みの「社会移動の封鎖性」を示し、日本が特別に流動性の高い社会だとは言えなくなることを先行研究の知見をもとに指摘しました。つまり「明らかな階級制度をもたない」という認識に疑問を突きつける議論を、相対移動の概念を使って展開したわけです。

それでは、このように相対移動の分析がとらえた実態よりも、絶対移動という見えやすい経験によって強く印象づけられた、それゆえ階級概念による社会認識（社会移動の封鎖性の存続）を脇に置き、「流動的な階層構造」という社会認識を持った一九七〇年代の日本において、大学の「大衆化」という現象やその認識がそこにどのように位置づけられるのか。とりわけ大学教育機会の量的拡大を階級概念（＝社会移動の封鎖性の存続）との関連性を排除した上で「大衆化」として理解することが、日本の大学や日本社会の自己像（セルフイメージ）の形成にどのように関わっていたのかを明らかにします。

†トロウ論文が教える階級概念なき大学の大衆化

有名なマーチン・トロウの原著論文（"The Expansion and Transformation of Higher Education" 1972）と日本語の翻訳との対照関係を検討した際に、トロウの論文には高等教育の量的拡大をめぐって、「階級」概念が主要な社会的カテゴリーの一つとして用いられていたことを確認しました。この論文の中でトロウは、高等教育がマス型（mass higher education）に移行することで、それが中の下階級（lower middle class）や労働階級（working class）にとっても、「大学に行く」ことが特別ではなくなることを予想しています。それと関連して、教育機会の拡張が「階級間の差異」を縮小する可能性についても、次のように言及します。

教育の機会が成人にとってより一般的で広く普及するようになれば、高等教育における階級間の差異は大幅に縮小する可能性が高い。(Trow 1972, p. 73、苅谷訳)

マス型高等教育＝高等教育の機会拡大によって、高等教育における階級間の差異が縮小する可能性を指摘するのです。裏返せば、その可能性がどれだけ現実的かということが、階級間の差異の克服として問われていることになります。高等教育の「拡大と変容」＝マス型高等教育の登場を、階級間の差異と関連づけて論じていたのです。

他方で、エリート高等教育について論じた論文(Trow, M., "Elite Higher Education": An Endangered Species?" 1976, p. 365, *Minerva* Vol. 14, No. 3, pp. 355-376)の中には、つぎの記述があります。

エリート教育機関と上層階級・プロフェッション階級との結びつきは、西欧のどの社会でも非常に強い。このような結びつきは、就学にかかる直接的な費用や、長期にわたるフルタイムの就学による放棄所得の結果である。それはまた、エリート中等教育へのアクセスやそこでの成功の違い、家庭における高等文化やその価値観・言語へのアクセスの違い、さらには社会階級間のアスピレーションのパターンの違いなど、階級的地位を理由とする単純な差別の結果でもある。(p. 365)

ちなみに、天野・喜多村訳(『高学歴社会の大学』一九七六)のこの箇所(一五〇―一五一頁)では、「社会階級」は「社会階層」、「階級的地位」は「階層的地位」と訳される一方で、「上流階級」「プロフェッション階級」には「階級」が使われています。重要な社会学の概念の混用がここでも見られます。一方、内容的にみれば、トロウはこの箇所でエリート教育機関と階級との強い結びつきを、その結びつきの中身に分け入って議論しています。しかし、「階級的地位を理由とする単純な差別の結果」というときの「階級的地位」を「階層的地位」と言いかえてしまうと、社会理論と関連づけてこの指摘を理解することが困難になります。階級を階層と簡単に言いかえたり、混同して使うことに注意を払わないことで、エリート教育機関と階級との関係性が曖昧なものとして理解されるのです。

その点に関連して、以前紹介した濱中さんが、「トロウは、大衆化の先に、従来のエリート段階の教育が消滅するわけではないことも、重要な論点として提示している。(中略）（日本では——引用者）社会階層という要素を垣間みることはできるものの、明らかな階級制度をもたない日本社会において、何をもって「エリート段階の教育」とみなすかは、議論を要するところである。（中略）支配階級といわれても実感がわかないというのが率直なところではないだろうか」（濱中二〇一三、前掲書、一〇一–一一頁）と、「明らかな階級制度をもたない日本社会」に引きつけて、「エリート段階の教育」の位置づけを論じていました。そして「明らかな階級制度をもたない日本社会」を前提に、前出のトロウのいう特定の階級（上層階級・プロフェッション階級）との結びつきに代えて、「選抜性の高い大学の教育」（要するに偏差値の高い大学＝エリート大学）と言い換えようとしました。要するに、このような議論を通じて階級概念を欠落させることになるのですが、その結果、トロウがエリート教育について、階級との結びつきの強さに言及していたことが見えにくくなりました。

†「大衆（化）」概念の曖昧さと絶対移動との相性

トロウは一方で、マス型高等教育 mass higher education の登場は、エリート教育機関の消滅を意味するのではなく、その特徴を残しながら、高等教育機会の量的拡大によって、それが「階級間の差異」を「大幅に縮小する可能性」に言及していました。他方で、エリート教育機関と特定の階級との結びつきについてはマス型高等教育の普及によっても簡単になくなるものではないと考えていました。

さて、そこで本題です。日本では、こうした高等教育機会の量的拡大とそれに伴う高等教育の質的変容（すなわち「拡大と変容」）を指示する言葉として「大衆化」が定着しました。トロウ自身は、本書の第2章で指摘したように、大衆化の英語訳にあたるmassification というような言葉を使わず、慎重にexpansion and transformation という言葉を使っていました。その点を意訳して、「拡大と変容」に「大衆化」の語を当てたことは、高等教育の「拡大と変容」が階級間の差異とどのように関係するか、影響するのかについての視点を希薄にしたままに放置することになったのではないでしょうか。しかも度々指摘したように、日本に流布した高等教育の大衆化論は、階級概念を欠落させてトロウの理論を理解し広めたのです。

ちょっと言葉にこだわりすぎているように思えるかもしれませんが、ここで論じているのは、翻訳語という「知識」を用いた社会認識の問題です。このように曖昧さを残したまま、海外の文献や理論が翻訳・紹介され、翻訳語の普及＝西洋的知識の受容の過程で「濾過の過程」が見落とされていくのです。そのことに十分な神経を払わない日本の学問、それを生み出す大学における思考の習性がここにも現れています。

「大衆」の語自体、西洋語からの翻訳語で、しかも階級概念と比べた場合に、曖昧さとそれゆえの包括性（何でもかんでもそこに押し込める包容力？）をもっていることを前に論じました。大衆の語もある社会的カテゴリーを示す概念の一つです。ときにそれは階級概念による社会認識と鋭く対立する認識を導く言葉でもあります。詳しくは繰り返しませんが、「みんな同じ」を包摂できる、曖昧さと包括性を特徴とする社会カテゴリーです。

このような特徴と意味を運ぶ「大衆」の語を、動（名）詞のように「大衆化」という場合、量的な拡大を含意しつつも、それに留まらず、有象無象を包含する、概念の曖昧化（言いかえれば社会的カテゴリーによる明確な分節化を避ける傾向）を伴っている点を見落としてはなりません。量的拡大とそれに伴う変容を「大衆化」と意訳したことで、単なる量の拡大を超えて、その現象がさまざまなものを「みんな同じ」と分節化せずに包摂してしまう、そのことでカテゴリー間の関係性を曖昧化する、そういう社会認識を導く概念＝知識だといえるのです。

このような曖昧化を伴う「大衆化」概念の定着は、日本における高等教育の「拡大と変容」の理解に何をもたらしたのか。あるいは何をもたらさなかったのか。トロウが注意深く区別して使った高等教育の「拡大と変容」と、それがもたらすマス型高等教育は、はたしてどの程度、「階級間の差異」を「大幅に縮小」できたのか——厳密に理解すれば、トロウ理論はこういう問いを私たちに残します。さらに、エリート教育機関を残存しながら高等教育の「拡大と変容」が生じることで、どの程度、エリート教育と特定の階級との結びつきを弱めることになったのか、否か。こうした階級概念が導く社会的な問いにも向き合うことができます。

それと比べた場合、「大衆化」概念の定着は、絶対移動の総量の大きさが生み出す表層的な社会イメージと簡単につながってしまう可能性があります。相対的に見れば、あきらかに特定の社会階級との結びつきの強さを維持したまま、そうした深層の構造的な社会理解への視線を遮る上で、大衆（化）の語による社会認識は相性がよかったのでしょう。曖昧化と包摂化の作用を通じて、（階級のような）明確な社会カテゴリーやそれを支える理論との関係を希薄にしたまま、高等教育の拡大と教育機会の「階層差」を論じることができたのではないか。「社会移動の封鎖性」とその世代間での有利不利の再生産という、相対移動で見れば潜在的に戦後日本に存在し続けた階級構造との関連性を欠いたまま、「明らかな階級制度をもたない」「流動的な階層構造」（という絶対移動に枠づけられたイメージ）のもとで高等教育が量的に拡大したことを、「機会の拡大」＝機会の均等化と誤認したのではないか。まだ仮説の段階ですが、社会認識を生み出す知識の一つとして、絶対移動概念による認識＝階級概念の欠落と高等教育の「大衆化」とが相性の良い親和的な関係にあったことを、戦後の日本社会の問題構築のあり方に迫る、知識社会学の課題として取り出すことができると考えるのです。

もう一歩、知識社会学の問題として展開すれば、「大衆」の語が「大衆社会」論で使われた「大衆」と同じ言葉であったことも注目に値します。戦後の日本では一九五〇年代から六〇年代にかけて「大衆社会」についての議論が盛んに行われました。戦後復興の過程で、「大衆」として把握できる大量の人びとが社会で認知されるまでに街頭に現れ、さらにはすでに戦前から始まっていた「大衆食堂」や「大衆酒場」「大衆文学」といった「大衆」を対象にした、あるいは大衆と関係するさまざまな現象に「大衆」の語が再び使われ始めました。そこに当時アメリカで流行っていた大衆社会論の影響が加わり、「大衆社会」が社会を認識する概念として登場し普及したのです。戦後、マルクス主義の復活によって知識人の間では「階級論」も広まりましたが、明確に政治性を帯びた（日本共産党や日本社会党や労働組合、それらに連なる知識人が使った）階級の語は、戦後の一時的復活にもかかわらず日本には定着しませんでした。それとの比較で言えば「大衆」の語は、大衆社会論とともに社会を記述し認識する知識として定着していきます。時代の雰囲気にマッチしていたのでしょう。

一九七〇年代の大衆社会論について論じた社会学者の庄司興吉は、「大衆」論の西洋における元祖とも言うべきオルテガ・イ・ガセットの『大衆の反逆』の議論をふまえて、「「大衆化」とは、「平均化」であるにほかならない」（庄司一九七七、『現代化と現代社会の理論』東京大学出版会、五八頁）と指摘しています。オルテガ自身の主張に遡ってこの議論を展開すれば、「大衆化」は、凡庸化・低俗化を伴う「平均化」＝「みんな同じ」を含意します。

このような大衆社会論に連なる「大衆化」論を下敷きにすれば、大学の拡大と変容を「大衆化」として理解したことにもう一つの特徴が加わります。すなわち、階級概念を取り込んだトロウの mass higher education の登場と普及＝「拡大と変容」の議論とは異なり、日本で理解された高等教育の「大衆化」は、社会の平等を実現する手段として「機会の均等」をもたらす可能性からかけ離れていたと言えるのです。凡庸化・低俗化を伴う平均化＝みんな同じ「大学生」に曖昧に包含する、その量的拡大を言い当てた大学の「大衆化」は、「大学」という名の下に有象無象の教育機関を包摂しつつ、大学でのキャンパスライフと大卒学歴の大量販売に終わっていたと言えるのかもしれません。しかもその過程で急拡大した私立大学の大教室での講義は、マスプロ（大量生産＝mass production）教育と揶揄され、それが大学教育の常態とみなされました。凡庸化・低俗化を伴う量的拡大のわかりやすい例です。

結論風に言えば、天野先生が「わが国の場合、戦後の高等教育政策は、この課題（「教育の機会均等化」――引用者）にはほとんど考慮をはかってこなかった」（天野一九七五、前掲書、一三三頁）と指摘したように、高等教育の「大衆化」は、相対移動の概念でとらえるべき「機会の均等（化）」の考え方を排除した、大学教育の量的拡大に過ぎなかったと考えられます。凡庸化・低俗化を伴う学生たちを「平均化」＝「みんな同じ」「大学生」として大量に生みだすことと、それが高等教育の機会の均等（化）に結びつくかどうかは別の現象、別の問題です。大衆化概念に導かれた「拡大と変容」の認識は、機会の均等（化）の、より構造的な理解に向かう視線を遮る上で働いたという主張は言い過ぎでしょうか。

†階級概念を欠いた格差社会論

「格差社会」論が広まった現在の日本を参照すれば、マス型高等教育についての前述のトロウからの引用、「高等教育における階級間の差異は大幅に縮小する可能性」という指摘は、少々甘い予測であったと言えるのかもしれません。実際のその後の実証的な社会移動についての国際比較研究を見ると、多くの先進国で高等教育の量的拡大が生じ、進学機会は拡大していきました。たしかにその結果、高等教育に進学できるかどうかという二分法で見れば、「階級間の差異」は縮小しました。しかし、相対移動で見た場合、そのような高等教育の拡張による社会移動における階級間の差異（たとえば親の職業や学歴で見た子世代の専門・管理職につける相対的なチャンス）には大きな変化がないという研究結果が主流を占めています。日本の研究も同様です（石田・三輪二〇〇九、前掲論文）。

このような結果をふまえて、最近の研究では、たんに高等教育に進学できたかどうかを高等教育「機会」としてみるのでなく、どのような高等教育を受けたかに着目する研究が増えています。全体の高等教育進学率が高まる中で、選抜度の高い（つまりは入学の難しい）大学や学部学科に入れるか否か、あるいは、プレスティジ（威信）の高い高等教育機関に入学できるかどうか、さらには、学士課程に留まらず、修士や博士といったより高い学位を取得できたかどうかといった高等教育の相対的な機会の違いに着目する研究です。それらの実証研究の成果によれば、これも日本を含めてですが、相対的に見た高等教育進学機会には、依然として出身階級による差異があること、さらにそれを媒介とした社会移動のチャンスにも、階級間の差異が縮小することなく残っていることが明らかになっています。大学進学だけで見れば、一見、階級間の差異は縮小するように見えても、社会移動における相対移動の観点をふまえてみると、高等教育機関間の差異など相対的な機会の差異を考慮に入れた研究では、階級間の差異の縮小は見られないというのです。わかりやすく日本を例にとれば、東大、京大や早慶といった選抜度の高い大学への進学機会における階級間の差異は、縮小していないし、出身階級（親世代の階級）と到達階級（子世代の階級）との関係も弱まってはいないのです（中村二〇一八、前掲論文）。

ここまでの記述では、日本について言及する際にも、あえてトロウからの引用に倣って、「階級間の差異」という階級を使った表現をしてきました。しかし、このようなことを議論する際に、日本の社会移動研究や教育格差の研究では、意図的に階級概念を用いる一部の論者を除き、多くの文献が階層の概念を用いています。ところが、私にとってとても興味深いことに、同じ著者たちが英語で論文を書くと、日本語の文献では「階層」の語を使っていた箇所がclassに変わるのです。例外的な場合を除き、階層の直訳であるstrata（複数形）やstratum（単数形）はほとんど使われません。おそらく英語圏では、社会移動研究の多くがclassを使うようになっているので、それに倣う形で日本語では階層と書いている箇所が、英語ではclassやsocial classとなるのでしょう。

このような日本語と英語での執筆・翻訳に見られる言葉の揺らぎは、これまで本書で論じてきた翻訳学問の特性、さらにはそれを生産・再生産する場である日本の大学の思考の習性を示しています。しかしここで論じたいのは、このように階級概念を失った（とあえて強い表現を使います）現代の日本社会において、教育における不平等が大学大衆化との関係でどのように論じられているか。その特質（得失）についてです。

†格差と不平等、そして階層と階級

一九九〇年代初頭あたりから、日本でいわゆる「格差社会」論が広まりました。七〇年代に「一億総中流」と言われた時代と比べれば隔世の感があります。バブル経済がはじけ、その後非正規雇用の拡大や賃金上昇の抑制などが重なり、世の中全体に「格差」を感じる雰囲気が蔓延したのでしょう。先に論じた、社会移動の絶対移動の量が減ったことも関係するでしょう。教育の分野でも、「教育格差」についての研究が二〇〇〇年代に入ると広がっていきます。出身「階層」や親の「社会経済的地位」によって、子どもの学力や、大学進学機会などに「格差」が生じている。そういう実態を実証的に明らかにする研究です。私自身、二〇〇〇年代初頭にはそのような研究成果をいくつか発表してきました（『階層化日本と教育危機』『学力と階層』など）。その際、私自身も「階層」という言葉や「格差」という言葉を使って、その実態を統計的に示す、そういう研究をしてきました。

ただ、格差という言葉には若干違和感がありました。英語の感覚では inequality ＝不平等というべきところを格差と言ってしまうと、そこで言われる格差という場合の「差」に、不当性＝unfairness があることが曖昧になると思ったからです。ですから私自身の著書では格差という言葉も使いましたが、肝心な箇所ではなるべく「不平等」を使いました。

さらにこれまでの議論をふまえると気になるのは、階層間の格差や社会経済的地位による格差という場合、階層にしても、社会経済的地位にしても、統計分析のために作られた便宜的な指標であり、何と何との差異なのか、さらにはその差異が生じることに不当性があるかどうかが曖昧になる印象を受けるのです。おそらく格差を英語にすれば、disparity

や gap に当たります。disparity には不当な差異というニュアンスが含まれますが、gap にはその意味は含まれません。日本語の格差の場合も、不当性＝unfairness のニュアンスを含めた差異という意味は、元々は含まれません。デジタル大辞泉によれば、格差は「資格・等級・価格などの違い」と定義されています。ですから、著者がこの格差という言葉に不当性＝unfairness の意味を込めるためには、そのような追加的な説明をあえてしてからでないと、その意味が伝わらないのです。不平等が不当性＝unfairness を最初から含意するのとは大きな違いです。しかも、先に論じたように、専門的研究者の間でも、格差は「階層」や「社会経済的地位」と結びつけられて論じられることがほとんどです。特定の、そして少数の論者を除き、階級間格差といった階級概念を用いた表現にはなっていないのです。

本書の第5章で検討した階級概念の特徴を思い出してみることが、この後の議論にとって有効になります。ギデンズやサヴィジといったイギリスの社会学者の議論をふまえた階級概念の特徴は、「生活経験の同質化」（ギデンズ）の生産・再生産に関わる、社会移動の封鎖性や不平等の継続性を生み出す「歴史的に構築」（サヴィジ）された社会的カテゴリーであるところにあります。「生まれ」に強く影響される相対的な社会移動の有利不利が、世代を超えて「歴史的に構築される」、そうした「資源が不平等に形成されていく過程」に着目する社会的カテゴリーとしての階級は、それが担う理論的負荷ゆえに、階級間の格差を不平等とみなします。言いかえれば、不当＝アンフェアな不平等を告発するための概念としては、階層よりも階級の方が本来その理論に適っているのです。

それを「階層」間格差といってしまうと、状態としての差異を示すことはできても、それがいかに歴史的に構築されたか、その結果として「生活経験の同質化」の生産・再生産がいかにアンフェアに行われているかという階級理論に込められた含意が薄まってしまいます。以前述べたように、社会的カテゴリーとしての階級概念は、（潜在的なものを含む）対立や葛藤といった関係性を含むカテゴリーです。それゆえ、操作的に作られるカテゴリーである階層や社会経済的地位に比べ、「資源が不平等に形成されていく過程」を告発する概念としてより明確な印象を与えるのです。カテゴリー間の関係性を論じるうえで、そうした理論の蓄積をもっているということです。何度も指摘してきましたが、そのような理論との関係をふまえた上で、あえて階層を class の訳語として用いるのであれば、そのことを明白に記すべきです。

ひるがえって二〇〇〇年代に日本で普及した格差社会という言葉を考えてみましょう。

格差のある社会であることはわかりますが、何と何の格差なのか。そこで生じている「資源が不平等に形成されていく過程」がフェアなのかアンフェアなのか。格差社会という言葉にはもともとはそのような含意はありません。しかも、その格差を指示するために使われる社会的カテゴリーが、階層や社会経済的地位といった概念で捉えられる場合、あえて説明を付け加えなければ、格差の不当性は曖昧になってしまいます。格差の単位となる社会的カテゴリー間の関係性に、対立や葛藤が埋め込まれているのかもはっきりしません。

かつて小泉元首相が、格差があってもいいじゃないかといった趣旨の発言を国会（二〇〇六年二月一日の参議院予算委員会）でしたことがあります。そのような例に見えるように、立場によっては格差は容認されるものと受け取られる可能性もあります。不平等との違いであり、階級間格差との違いでもあります。しかもこのような発言の前提となっている単位は個人であり、社会的カテゴリーによる把握を退けます。その結果、格差社会という言葉で理解されるようになった日本の不平等は、社会問題の構築という点でも曖昧さとゆるさを含んだ社会認識を生み出した、といってしまうと言い過ぎになるでしょうか。階級概念の検討を経た後では、「階級」なき格差社会論の甘さ、曖昧さが目立つのです（少なくとも私にはそのように思われます）。

†対立や葛藤を避ける言葉の使用と「大衆（化）」

階層にしても格差社会にしても、告発概念として（潜在的なものを含む）対立や葛藤といった社会の関係性を言い当てるには弱さがあります。一歩踏み込んで指摘すれば、そうした対立や葛藤を避ける、ユーフェミズム（婉曲表現）といってよいでしょう。（政治的・イデオロギー的な）中立性や操作性を印象づけることで、社会カテゴリー間の対立や葛藤を見えなくさせる効果を持つのです。曖昧さのお陰であり、その分、政治的イデオロギーとの関連を予想させる、（旧来のマルクス主義的な）階級概念より、社会に受け入れられやすい。そこにユーフェミズムとしての働きを見ることができます。

そしてそれとよく馴染むのが、本書で注目してきたもう一つの重要な社会的カテゴリーである、大衆であり大衆化です。以前にも論じたように、「大衆化」は、凡庸化・低俗化を伴う「平均化」≒「みんな同じ」を含意します。そしてこれも以前指摘したように、高等教育の量的拡大を大衆化と理解することで、大学の大衆化が「みんな同じ」大学生を生み出すという誤認を生じさせることにもなるのです。その結果、「高等教育の大衆化」という表現・認識は、高等教育機会の不平等を論じる際の切っ先を弱めています。大衆

（化）という、これも社会カテゴリー間の対立や葛藤を避けるユーフェミズムは、曖昧さを共有する格差社会論と相性がいいのです。「大衆」をベースにそこから誕生した「格差社会」は、その象徴です。そういえば、「一億総中流社会」と言われた時代に、その状態を「新中間大衆」の時代と呼んだ村上泰亮の議論は、広く注目を集めました。あえてその議論に乗っかれば、新中間大衆の社会から生まれたのが、格差社会であり、社会カテゴリーの利用という面での曖昧さを残した点では、そこに連続性さえ見ることができるのです。

高等教育の量的拡大が、私立大学の増加や拡張によって支えられてきたことは間違いありません。国公立大学より高額の授業料や入学金を徴収する私立大学への進学に際し、授業料等の家計の経済的な負担能力が問われてきたことも間違いありません。だから天野先生が一九七五年に指摘したように、「その経営構造から進学者に多額の教育費を要求する私立大学中心の量的拡大は、進学の経済的制約を低減させるよりも逆に高めるものであった」（天野一九七五、一三三頁）可能性が高いのです。しかし、経済的な側面への注目が当然のように受け止められたことで、その反面、経済力以外の出身階級の影響に目が向けられることが後景に退きました。その結果、大学進学の準備段階以前に生じる教育における不平等、すなわち教育における階級格差への注目も、正面から論じられることが長い間ありませんでした。

たしかに私自身を含め、（教育）社会学者の多くは、大学進学機会の「階層」間の格差を論じてきました。しかし、そこで生じている「資源が不平等に形成されていく過程」の不当性を鋭く指摘する議論としては、天野先生が指摘した七〇年代以来、政策当局に正面から受け入れられることはありませんでした。格差社会論がこれだけ広まっても、高等教育の大衆化が、高等教育機会の階級・階層間の格差を是正しているかどうかは、高等教育政策の主役にならなかったのです。アメリカやイギリスの政策論議において人種間・階級間の不平等が主題となってきたようには、日本の教育政策論議で階級間・階層間の不平等が主要な問題として認知されるようにはならなかったのです。格差の是正は言われても、それが何と何との差異を是正するか、その議論に不可欠の社会的カテゴリーの認識を曖昧にしてきたのです。その原因が階級概念の欠如にあるとは言いません。しかし、格差社会論がそれに与ったという見方はできるでしょう。対立や葛藤を避けようとする、ユーフェミズムを誘発する社会的カテゴリーを広く受け入れてきたことの問題性は問わざるを得ません。

†現実と認識

言葉や概念、あるいはそれらを構成要素とする知識は、私たちの現実認識を枠づけています。とくに社会問題を認識あるいは構築する際に、どのような知識が意図的あるいは暗黙のうちに用いられるかは、知識社会学にとって重要なテーマです。これまで論じてきた階級概念なき格差社会論のユーフェミズムは、その一例といってよいでしょう。

それにしても専門家の間でさえも、日本語では階層を使い、英語ではclassを使うという揺らぎが生じるのはなぜでしょう。日本語で執筆する研究者は、階層とは何かを何らかの方法で定義します。しかし、最近の文献では、階層概念を用いる際に、階級概念との違いや階級理論との関係を論じることは少ないような印象を受けます。もちろん、例外はあります。しかし、概念間の理論的背景や負荷の違いを注意深く論じることなく、いったん階層という言葉が普及すれば、それを使い続けているようにも見えます。格差と不平等についても同様です。

概念の系列（連なり）という点で比較すれば、階級概念をもとに社会や教育の「不平等」を論じる系列（階級→不平等）と、大衆と馴染みやすい階層概念をもとに社会や教育の「格差」を論じる系列（階層・大衆→格差）との間には、社会が告発すべき問題を認識する鋭さという点で歴然とした違いが生まれます。前者の系列を――消してしまったといえば言い過ぎかもしれませんが――弱めてしまい、後者の系列中心に社会の問題を理解することの功罪をどの程度私たちは意識しているか。あるいはそうした概念の系列の差異を意識して私たちは学問の生産・再生産をしてきたのか。もしこのような比較がある程度説得力を持つとすれば、そこにはそのような知の生産・再生産に関わる日本の大学の特質が関わっているように私は考えます。

翻訳語が「濾過の過程」を忘れてしまうことはすでに何度も指摘しました。しかし、翻訳語でできた日本の大学の知の生産・再生産には、それと並んでもう一つの思考の習性があると考えます。それは海外産の理論や概念を（カタカナ表記を含む）日本語で教える際に生じる問題です。日本の現実や歴史的文脈と、外国産の理論や概念との間での、演繹的思考と帰納的思考の往還が欠如しているのです。そもそも、演繹的な思考と帰納的な思考をきちんと区別して、その違いを意識しつつ知識を与え、学んでいくことができているのかどうかも疑問です。たとえば、日本語で階層概念を使う場合、使い手や読み手が、どれだけ階層理論からの演繹の過程を意識しているか。日本の現実から帰納してその使い勝手を検討しているか。あるいは、同じ論者や読者が英語で日本の研究を書いたり読んだりする際に、階層の語がclassとして使われているときも同様です。class theoryを意識しているのかどうか。日本の現実に、英語ではclass概念を使うときに、どれだけ現実から帰納してclassを使うことの使い勝手に注意を払っているか。さらには同じ論者が日本語での階層と英語でのclassの両方を使い分けている場合、そのことにどれだけ自覚的か。これらの問いは具体例の一つであって、問いたいのは、日本の大学における知の生産・再生産において、概念や鍵となるカテゴリーと、その（理論的、歴史的、社会的、言語的な）文脈との間の往還を、演繹的思考と帰納的思考を区別しながら行うことにどれだけ関心が向けられてきたかという問題です。文脈に位置づけるために具体化したり、逆に文脈から離れて論じるために抽象度を高めて考える。そういうことにどれだけ意を用いる大学教育が行われているか、と言いかえてもいいでしょう。第3章で柳父さんの議論をもとに展開したように、西洋から学問を輸入する際の思考の型が、翻訳語を通じて演繹型になったことに淵源をもつ問題です。翻訳語が日本語に定着する過程は、同時に演繹的思考が日本の学問における思考の型として定着していく過程と重なっていたとすれば、日本人（とくに知識人）の思考を生み出す孵化機として日本の大学が果たした役割は無視できないほど大きなものです。翻訳論を超えて、こうした思考の型を知識社会学のテーマとして発展させていくことの重要性を示していると言えるでしょう。

こうしたことに頓着せずに、海外産の理論や概念を使って、知の生産・再生産を行うことが許されてきたとすれば、そこに日本の大学の特徴が現れているのではないか。そう考えます。こうした議論がどの程度当てはまるかは、学問分野によっても異なるでしょう。しかし、人文社会系の分野では、翻訳語やカタカナ語によるユーフェミズムの誘発によって、議論を組み立てる要素である概念やカテゴリーの輪郭が曖昧になり、それらの間の関係が揺らぎをもっている可能性があります。それは先に述べた（理論的、歴史的、社会的、言語的な）文脈との往還をきちんとしてこなかったことに由来すると私は考えます。しかもそれは私たちの社会問題の認識自体にも影響するのです。例えば、階級理論との関係を薄めた階層概念に依拠した格差社会論で、どれだけ日本社会の不平等に切り込めるのか。言葉の問題に極度にこだわりながら、私が日本の大学について論じているのも、社会認識の枠付けに言葉の問題が密接に関わっていることを自覚しているからです。

メイキング・オブ風に（というか老婆心として）ひとつ付け加えれば、学ぶ立場でいる間は、どうしても教えられる知識の権威を受け入れてしまいがちです。教える側の権威

（「先生」！）も影響します。知識をできるだけ正確に理解するかは重要ですが、そこでの知識のやりとりを権威を媒介にした関係にしてしまうことには気をつけた方がよいでしょう。知識のやりとりを行う両者（先生と学生、あるいは著者と読者）が、対等な関係であることで、より生産的・建設的なコミュニケーションが可能になることを知っておくことは重要です。どうしても海外の文献（それも翻訳された本など）だと、著者と読者の間に知らず知らずのうちに権威を媒介とした上下関係が生まれます。大学の講義で伝えられる「ありがたい」外国産の理論や概念にも権威が帯びがちです。柳父さんの言うカセット効果です。それをフラットな関係にすることで、互いの謙虚さが生まれます。その互いの謙虚さと互いの敬意がカセット効果に気づくきっかけとなります。

第7章　キャッチアップ型思考とグローバル化

これまでの章では、大衆や階級という概念にこだわりながら、翻訳語が多用され、翻訳語で構築されてきた日本の学問の生産・再生産の特徴について検討してきました。欧米先進国からの翻訳の「濾過の過程」が見過ごされること、日本の文脈との論理的な往還を怠りながら外国産の理論や概念を教えてきたこと、その過程で帰納と演繹の思考を意識しながらの教育や学習が十分行われてこなかったこと、さらにはそれらの問題を正面から論じることなく、大学における知識の生産と再生産が自明のこととして行われてきたこと。これらの特徴には、日本の大学の思考の習性が現れていると論じてきました。

新書としては、ここまでの議論に結論となるような章を加えて終わった方がまとまり感を出す上ではよいのかもしれません。しかし、本書のもととなった連載では、ここまでの議論を踏まえた上で、現在の日本の大学が抱える問題についても論じました。

そこで本書の最後となるこの章では、連載最後の六回分にあたる、現時点で私が気になっている日本の大学の諸問題と、そこに埋め込まれた思考の習性について論じていきたいと思います。最初に扱うのは、グローバル化への対応から見えてくる問題です。

二〇一〇年代に入ると、政府は日本の大学の「グローバル化対応への遅れ」を問題視していきます。その背景には、失われたX年と呼ばれたバブル経済崩壊後の経済成長の停滞、東アジアの他の国々の経済や科学技術分野での躍進、国際的に注目を浴びだした大学のグローバルランキングにおける日本の不振などがあると考えられます。しかし、ここでは、とりわけ対応の遅れを問題視する政治家や行政当局の頭の中にあった思考の習性を取り出し検討してみたいと思います。

†ニッポンの大学はなぜグローバル化を目指すのか

最初に二〇一四年度から始まった「スーパーグローバル大学創成支援事業」の発端となった、内閣府・産業競争力会議での文部科学大臣の発言を見てみましょう。安倍首相（当時）も列席した第四回会議の場（二〇一三年三月一五日）で、「人材力強化のための教育戦略」として、大学改革について当時の文科大臣が次の発言をしています。

「生産年齢人口の減少が続く中、我が国が世界に伍して成長・発展していくには一人ひとりの『人』の力を高める以外にない。各国が高等教育を重視し、規模を拡大する中、日本の高等教育も質・量ともに充実・強化していく必要がある。特に大学には、日本の成長を支えるグローバル人材、イノベーション創出人材、地域に活力を生み出す人材の育成と、大学の研究力を活かした新産業の創出が期待されている」(内閣府・産業競争力会議二〇一三)

一〇年以上前の発言ですが、ここにはグローバル化対応についての政府の基本的な考えが示されています。「我が国が世界に伍して成長・発展していく」ための方策の一つとして、「日本の成長を支えるグローバル人材、イノベーション創出人材、地域に活力を生み出す人材の育成」が求められています。これはいわば、明治維新以来の「富国」路線の延長です(流石に「強兵」はこの時点ではありません)。この発言を受けて、安倍首相の私的諮問機関であった教育再生実行会議では、次のような提言が行われます。

大学のグローバル化の遅れは危機的状況にあります。大学は、知の蓄積を基としつつ、未踏の地への挑戦により新たな知を創造し、社会を変革していく中核となっていくことが期待されています。我が国の大学を絶えざる挑戦と創造の場へと再生することは、日本が再び世界の中で競争力を高め、輝きを取り戻す『日本再生』のための大きな柱の一つです。(内閣府・教育再生実行会議二〇一三、『第三次提言』)

「日本が再び世界の中で競争力を高め、輝きを取り戻す「日本再生」のための大きな柱の一つ」という政策の位置づけに示されるように、ここでも「世界の中」での「競争」力の再生＝復活が目指すべき大きな目標とされました。注目してほしいのは、そのための大学改革を促す前提・根拠として、「大学のグローバル化の遅れは危機的状況」にあるという危機意識が示されていたことです。危機意識を喚起することで、改革の必要性が正当化されたのです。

しかもたんに経済を成長させるだけに留まらず、「世界に伍して成長・発展していく」という、グローバルな競争意識がそこには含まれていました。そのことのひとつの表れが、教育再生実行会議『第三次提言』のなかで示された、「国は、大学のグローバル化を大きく進展させてきた現行の『大学の国際化のためのネットワーク形成推進事業（グローバル30事業）』等の経験と知見を踏まえ、外国人教員の積極採用や、海外大学との連携、英語による授業のみで卒業可能な学位課程の拡充など、国際化を断行する大学（「スーパーグローバル大学」［仮称］）を重点的に支援する。国際共同研究等の充実を図り、今後一〇年間で世界大学ランキングトップ一〇〇に一〇校以上をランクインさせるなど国際的存在感を高める」（内閣府・教育再生実行会議二〇一三）といった具体的目標の設定です。そしてその実現のための施策が、「スーパーグローバル大学創成支援事業」として結実したのです。具体的な数値目標も提示されました。先ほどの産業競争力会議の場での文科相の次の発言です。

「世界を相手に競う大学は五年以内に授業の三割を英語で実施するなど明確な目標を定め、外国人を積極的に採用するなど、スピード感を持ってグローバル化を断行する大学への支援を進めたい。また、日本人の海外留学生を一二万人に倍増し、外国人留学生を三〇万人に増やすために必要な手立てを講じていきたい。更に、使える英語力を高める

ため、大学入試でのＴＯＥＦＬなどの活用も飛躍的に拡大したい」（内閣府・産業競争力会議二〇一三）

いうまでもなく、「世界を相手に競う大学」として想定されたのが、後に「スーパーグローバル大学」として選ばれる大学です。この発言で強調されたように、それら「世界を相手に競う大学」では、五年以内（すなわち二〇一九年まで）に、授業の三割を英語で実施することが数値目標とされました。その背景にあったのは、当時注目され出した大学のグローバルランキングの基準に見合うように、そこで評価される国際化の指標にそって授業の英語化を進めようとしたのです。

すでにこの施策の実施から一〇年が経ちました。日本学術振興会が発表した「スーパーグローバル大学創成支援検証」（https://www.jsps.go.jp/file/storage/j-sgu/kensyo/r4_kensyo4_matome.pdf）をみると、この政策には一定の効果があったことが示されています。例えば、全科目に占める外国語（主に英語）で教える授業の割合は、二〇一三年度の七・二％から二〇二一年には一八・六％に増えました。一〇年間で二割を下回る数字ですから、五年間で三割という当初の目標には及びませんが、政策による後押しの効果は見られます。

全学生数に対する外国人留学生の割合も、八・八％（二〇一三年）から一四・六％（二〇一九年）に増えました。さらに日本人学生の留学経験者の割合も、二〇一三年の三・一％から二〇一九年の五・七％へと増加しています。これらは「スーパーグローバル大学」に選ばれた大学のみの数字ですが、日本の大学のグローバル化がある程度進んだことは否定できません。ただし、「スーパーグローバル大学」の二〇一九年留学経験者二万九〇三五人のうち一年以上の留学経験者は一四二七人に留まります。留学経験者の五％にも届きません。一見留学経験者が増えているようでその大多数は短期留学だったということです。このように数字の中身を詳しく見ないと政策の成果は正確には測れません。たとえば外国人教員等の割合は二〇一三年の二七・六％から二〇二二年の三五・一％へと確かに増えていますが、その中で多数を占めるのは、日本人で外国の学位を取得した教員や「外国で通算一年以上三年未満教育研究歴のある日本人教員」（とくに後者）です。「等」という霞が関作文の妙です。

他方で、「今後一〇年間で世界大学ランキングトップ一〇〇に一〇校以上をランクインさせる」といった大胆に設定された目標は、達成には及びませんでした。二〇二四年現在でもトップ一〇〇に入る日本の大学は東京大学と京都大学の二校にすぎません（Times

Higher Education のランキング）。「国際的存在感を高める」には至っていないというのが正直なところでしょう。

いくつかの数値の（小さな）改善は見られたものの、はたしてこの一〇年間の大学グローバル化政策は、どれだけ日本が「世界に伍して成長・発展していく」ことに寄与したのか。「日本が再び世界の中で競争力を高め、輝きを取り戻す『日本再生』」にどれだけ役立ったのか。これまで見たように、大学改革はこれらのマクロな国家目標実現のための手段とみなされていました。その視点から見ると、この一〇年間での成果はまだまだのようです。失われた一〇年、二〇年が三〇年となり、日本経済の再生はおろか、社会に充満する停滞感はかえって増した印象さえあります。少なくとも、「輝きを取り戻す『日本再生』」の兆しはなかなか見えてきません。もちろん、大学改革だけでこうした大きな国家目標が達成されるはずがないことは言うまでもありません。にもかかわらず、大学のグローバル化政策は、そのための手段と位置づけられてきました。そこにはどのような思考の習性があったのか。大学を国家目標達成の手段として見なす見方自体が問われるべきです。

†キャッチアップ型思考から抜け出せない日本の大学

ここで見てきた政策文書には、「世界に伍して成長・発展していく」とか、「世界の中で競争力を高め、輝きを取り戻す」とか、他の国々を対象にそれらとの比較で日本を位置づけようとする心性（マインドセット）が色濃く反映しています。優劣を競い合うレースのような比較の視点です。私はこのような心性を「キャッチアップ型」の思考と呼び、詳しく検討したことがあります。それは欧米先進国に「追いつき追い越せ」の思想であり、明治に始まる日本の近代化の過程で根をはった日本人の心性といってよいでしょう。その詳細は拙著『追いついた近代　消えた近代』（岩波書店、二〇一九）に委ねるとして、ここで検討したいのは、こうしたキャッチアップ型思考が、日本における大学教育に深く広く浸透しているという問題です。先ほど述べたように、大きな国家目標の実現手段として、日本の大学のグローバル化の遅れを問題視し、「世界に伍して成長・発展していく」ために、グローバル化をはじめ、大学をそのための手段として位置づけよう――そこにその心性が姿を現します。

もっとも、キャッチアップ型思考と大学との深い関係は今に始まったわけではありません。本書で翻訳学問について論じたように、欧米先進国の進んだ学問や制度を日本に導入する際に、まずは日本の大学で学んだ、語学力に秀でた若者を海外に留学生として送り出しました。輸入学問の誕生とその発展自体が、このキャッチアップ型思考と大学との深い関係を物語っています。

もう一つ重要な点は、ここでいう「追いつき追い越せ」が主に経済や、経済の成長に資する科学技術の発展に焦点づけられてきたことです。広い意味での文化、とりわけ人文系の学問や芸術面での日本的な個性の発揮よりも、経済成長に「役に立つ」学問が、先進国に「追いつき追い越す」上で優先されてきたのです。

社会が期待する大学の役割にも、このキャッチアップ型思考が浸透しています。政府が大学教育に求めるのは、「日本の成長を支えるグローバル人材、イノベーション創出人材、地域に活力を生み出す人材」の育成であり、大学での研究に求めるものは、「大学の研究力を活かした新産業の創出」です。いわば成長を支える歯車としての「人材」の育成や研究が大学に求められてきたのです。しかも、そのことに多少の疑問は生じても、それを押しとどめるほどの大きな抵抗は起きませんでした。大学の授業を休んでも就職活動の優先を許す慣行には、学生を「人材」としてみる見方が反映しています。

キャッチアップ型思考の習性を根に持つ成長主義の思想は、理工系偏重の大学政策にも顕著に見られます。近年の政府の「選択と集中」政策の代表とも言える国際卓越研究大学制度（いわゆる一〇兆円ファンドによる少数大学への支援策）が、内閣府の総合科学技術・イノベーション会議（ＣＳＴＩ）の主導で始まったことはその証左の一つと言っていいでしょう。そこでは国際卓越研究大学を「世界と伍する研究大学」と位置づけています。しかも、国からの一〇兆円ファンドの運用益で支援する「世界と伍する研究大学」における研究とは、グローバル競争で可視化され、経済成長にも役に立つ理工系中心の学問です。前述のスーパーグローバル大学創成事業では達成できなかった「世界を相手に競う大学」の代わりとして、今度は「異次元」の財政支援を少数の大学に与えることで、（理工系を中心に評価される）「世界と伍する研究大学」をなんとか数校でも日本で生み出そうというのです。一回目の選考で、理工系の比重の高い東北大学が選ばれたことも、そのことの表れと言えるでしょう。

財政的にも政策的にも、国の主導で日本の大学のグローバルな競争力を強化しようとするこうした動きには、キャッチアップ型近代化を支えた「開発国家」（チャーマーズ・ジョンソン）のイメージが付きまといます。国の指導や統制が、大学のあり方に大きく影響する、国家主導の開発＝development＝発展・成長を目指す国家像、大学像です。他のアジア諸国に追いつき、追い越された日本の「再生」が、再度キャッチアップ型思考と相性のよい開発国家型の政策のもとで目指されるのです。私はここに既視感を抱きます。大学という、知の共同体として国家から自立して人や社会に貢献すべき機関が、いまだ開発国家型の政策枠組みのもとに位置づけられているように見えるからです。後発近代国家の性《さが》と言えばそうなのでしょうが、一度「ジャパン・アズ・ナンバーワン」を味わい、キャッチアップの終焉を宣言し、日本独自の道を探り出そうとした一九八〇年代の日本の自己像と照らし合わせると、「またか」と思わざるを得ないのです。

ここには国家と大学という大きなテーマが含まれています。大学が国家から相対的に自立・自律して学問研究教育の場であり得るのか否か、という問題です。テーマが大きすぎるので、ここではコンパクトにしか論じられませんが、大学が国家のためにあるのか、それとも市民社会の担い手であるのかという問題です。

一八八六(明治一九)年に制定された帝国大学令の第一条には、「帝国大学ハ国家ノ須要ニ応スル学術技芸ヲ教授シ及其蘊奥ヲ攷究スルヲ以テ目的トス」とありました。日本の大学は、そもそも国家の必要に応じるための大学として作られたことがここからわかります。そして、その国家の須要とは、「富国強兵」を掲げた国家目標に適うことでした。もちろん、法律は戦後に大きく変わりますが、指導者たちの大学理解の底には、国家のための大学という認識が根強く残っているのかもしれません。

「科学技術立国」を自任する国家にとって、科学技術を通じて「世界と伍する」ことは、少なくとも政策論議においては当たり前の前提のようです。国家目標も科学技術を通じた「富国」に変わりました。しかし、はたして私たちの大学の理解に、国家から相対的に自立・自律した、市民社会の担い手としての大学という認識がどれだけ自覚的にあるか。実はここには、国立大学と私立大学の位置づけという問題が絡んできます。それは大学と国家との関係に留まらず、これまで論じてきた大学の大衆化というテーマとも関連します。

†「学問の大学」と「国家の大学」

七四〇頁にも及ぶ大著『学問生産性の本質――日米比較』(東信堂、二〇二二)のなかで、高等教育研究第一人者のひとり、有本章さんは、日本の大学の特徴を「国家の大学」と位置づけました。「学問の大学」とみなされたアメリカとの鋭いコントラストです。有本さんによれば、日本もアメリカも、ドイツの近代大学をモデルに自らの大学を作り出しました。一九世紀のことです。ヨーロッパと比べ、ともに「後発国」であった日米が、当時、学問生産の中心であったドイツと、その学問生産を支えたドイツの大学をモデルにしたのです。

しかしその後の大学の発展の仕方には大きな違いが生じます。アメリカが、自国の事情に応じて「米国モデルを積極的に創造」したのに対し、日本はドイツ型の「国家の大学」の制度化に執着したと有本さんは分析します。以下は私の見解ですが、一九世紀後半の日米の国力の違いや、ドイツ型大学の移植以前にすでにイギリスモデルの私立のカレッジ（ハーバードやイェールなどのアイビーリーグの大学はそれをルーツにしています）が存在していたアメリカと、最初から近代大学をつくる必要のあった、ヨーロッパとは歴史も文化も異なる東アジアの貧しい島国との違いはいかんともしようがありません。国家主導で少ない資源を集中し近代大学を作らざるを得なかった日本の国力の貧しさは、広大な国土と莫大な資源を有するアメリカの経済力とは比べようがありません。後者が「民間＝私立大学」に頼ることで独自の「学問の大学」を作り上げたのに対し、戦前の日本には国家主導という手立てしかありませんでした。先に指摘した「開発国家」という後発近代化の特徴が顕著に現れたのが近代日本であり、大学もその例外ではありませんでした。

このような「国家の大学」という特徴を維持したまま、日本の高等教育は、すでに戦前においてもある意味（数の上では）ヨーロッパをしのぐ勢いで発展していきます。そしてそれを主導したのが私立の（旧制）専門学校でした。またすでに何度も指摘したように、それに貢献したのが、翻訳学問、翻訳文化という、母語で西洋の知識を教授・享受できる環境を作り出したことでした。しかしその受け皿となった私立の教育機関の側についてはもう少し考察が必要です。さらには、そこに殺到した、向学心に燃える当時の若者たちについても検討してみたいと思います。

†私立大学の日本的特徴

現在の私立大学のうち、戦前にすでに「大学」となっていた教育機関の多くは、旧制の専門学校からスタートしたことが天野郁夫先生の浩瀚《こうかん》な研究でわかっています（天野郁夫『大学の誕生　上・下』中公新書、二〇〇九）。欧米のキリスト教団体の支援を受けて設立された学校もありましたが、私学の多くは、民間の力で設立・運営された、法律を教える専門学校が母体でした。その特徴を一言で言えば、資源の乏しい、学生の授業料収入に頼る、財政基盤の脆弱な学校でした。当初、教員もその多くは帝国大学の教授たちが非常勤の兼任のかたちで勤めていました。御茶ノ水や神保町界隈に私立大学が多く立地した理由の一つは、そこにあります。京都に二つ目の帝国大学ができたことで、そこにも私立の法律専門学校（たとえば立命館大学の前身）が設立されたのも同じ理由です。「官立」の高等教育機関の教員が非常勤として通いやすかったからです。

このような歴史的背景が示すように、私立の高等教育機関は、資源の乏しさを特徴としてきました。財政基盤が学生からの納付金に大きく依存していることも、その一端を示しています。それゆえ、財政基盤を安定化する手段の一つは、「規模の経済」に求められました。有力私大と呼ばれる教育機関が学生数を増やすことで収入を増やし、教員数を抑えることで支出を抑える。このような経済的に合理的な行動が、私立大学の拡張を可能にする要因の一つでした。篤志家から巨額の資金を集められたアメリカとの違いです。東京や京都といった、旧帝国大学が存在し、学生を集めやすい立地に私立大学が増えていったことの背景には、このようなことが関わっています。それとともに、現在でも本務教員一人当たりの学生数（いわゆるＳＴ比）が私立大学の方が国立の二倍（学生数の多い社会科学系学部の中央値：私立およそ四〇人、国立およそ二〇人）となっているように、数量で見た教育環境の点での国立―私立間の差異を維持したまま、私立大学の拡張が、日本の高等教育への進学機会の拡大＝大学の「大衆化」に寄与してきたのです。

一九六〇年代後半の私立大学の膨張が、大講義室に何百人もの学生を入れて教員がマイクで講義をする「マスプロ教育」を生み出したことは、以前にも触れました。少ない教員（資源）で、納付金の元となる多数の学生を入学させることで財政基盤を作り出してきた私立大学の特徴がこうした形で現れたのです。一方通行の講義や、学生へのフィードバックを欠いた単位認定の方式など、その後、「アクティブ・ラーニング」導入の必要性を促した教育の実態は、このような構造的な理由から生じたものです。もちろん、国立大学にも同じような教授・学習法がはびこっていましたが、比較的少人数のゼミなどの導入を可能にしたのは、前述のＳＴ比の違いにありました。また国立大学が、（「国家の大学」として）実験・実習などを必要とする理工系の比重が文系中心の私立大学より大きかったことも、教授・学習法の違いを生むことになります。

高校までの教育が「知識の詰め込み」と言われ、大学に入ってからも講義形式の一方向的な知識の伝達が中心となってきた日本の大学教育の特徴は、このような歴史的、財政的な仕組みが生み出したものです。裏返せば、国家による財政出動を最小限に抑えつつも、高等教育機会を（国家にとって安価に）拡大できたのは、教育支出を家計に委ねる財政構造と、教育を安価に提供する器としての私立の教育機関と、さらにはそのような教育を求める学生や家族の存在が大きかったのです。もちろん別の面から見れば、国による高等教育機会の提供が乏しかったことが最大の原因ということもできます。

†就職のための大学：その源流

私立大学のルーツが戦前の旧制専門学校にあったことは先に述べました。そして、その多くは法律や政治などの社会科学系を教える学校でした。明治大学の前身は明治法律学校（二〇二四年のNHK朝のドラマ『虎に翼』の舞台です）、中央大学は英吉利法律学校、法政大学は東京法学社ならびに東京仏学校（フランス法を教えた）、日本大学は日本法律学校などなど、法律学校のルーツをもつ私立大学が少なくありません。ちなみに早稲田大学の前身は東京専門学校で、そこでは政治経済学が主要な学問でした。福沢諭吉が作った慶應義塾大学はもう少し複雑ですが、そこでも経済学や法律学が初期から教えられました。

さらに大正時代に入ると、日本の近代化・産業化に伴い、商業や経済を教える専門学校が増えていきます。法律の専門学校からスタートした私学でも、新たに商学や経済を教えることで、社会のニーズに応えようとします。銀行や民間企業の発達と拡大により、官立学校の卒業生だけではまかなえないホワイトカラー人材の供給をこうした私学が担っていくのです。法律専門学校の時代には官吏や法曹を目指す卒業生が多かったものの、民間企業が日本経済をリードするようになると、その組織の運営・管理に、私立専門学校の卒業生が就職していきます。いわば近代セクターの人材需要が高まると同時に、その需要を満たす民間の教育機関の卒業生が多数輩出されるようになるということです。「官」主導から「民」での近代化へのさらなる展開といってよいでしょう。

明治の初め頃から、東京での勉学を目指す若者が増えたことが、こうした私立学校の経営を支える学生の供給源となりました。その背景には、江戸時代の身分制から解放され、教育を通じた「立身出世」が可能になるジャパニーズ・ドリームを明治の近代化＝文明開化が広めたことにあります。士族が禄を奪われ、新たに近代セクターへの就職によって生計を維持しようとしたことも、次世代の向学心を刺激しました。その結果、近代教育制度が整備されるにつれて、より上級の学校を目指す若者が増えていきます。そこに、士族以外の平民のうち、経済的に余力のある家（地主や商家）から、東京での遊学を志す若者も出てきます。

しかし戦前の日本の官立学校は狭き門でした。国家が少ない資源を効率的に使うために、「選択と集中」をせざるを得なかったためです。帝国大学に入学するには、たいていは官立の（旧制）高等学校を卒業しなければならず、そこへの入学は厳しい選抜（入学試験）

をくぐり抜けなければならなかったのです。その結果、官立の上級学校の供給量が制約される中で、そこに入学できない若者たちが、私学で学ぶようになるのです。

勉学を促す動機が「立身出世」にあったことはこれまでの多くの研究が示していますへたとえば、竹内洋『立志・苦学・出世』講談社現代新書、一九九一)。それは出自によらず、本人の勉学を通じて高い学歴を取得することで社会移動を可能にする、男性のみに与えられた教育機会の可視化と制度化でした。後に「学歴社会」と呼ばれることになる教育と職業機会とのこの接続は、日本の近代化の過程でこのように生まれたのです。

官学から官職へのメインルート(官→官)とは別に、私学から民間企業へのルート(民→民)が、日本の産業化の進展とともに「成功」への道として開かれていきます。「国家の大学」でも「学問の大学」でもなく、「(企業への)就職のための大学」が「民」の領域で作られていくのです。法律であれ商学や経済であれ、「近代的」知識を学校教育を通じて身につけた若者(主に男性)が、拡大しつつあった民間企業主導の近代セクターに入っていく。明治初期の国家(官)主導による近代化から次のステージ(民間主導)に移行する中で、「就職のための大学」が根付いていくのです。天野先生は、そのような過程を次のように描いています。

まずは「官」セクター（行政官僚）の人材要求を官立諸学校、とりわけ帝国大学によって優先的に満たし、次いで「公」（各種の専門的職業人）の要求に応ずるために官立の諸専門学校を設置し、同時に不足部分の補完を私立専門学校に求め、「私」セクター（企業職員や家族従業員）の人材需要と学習要求の充足は私立諸学校に委ねるという、職業と学校教育の棲み分け的な対応構造、ひいては序列構造が、こうして作られていくのである。（天野『大学の誕生　下』二五六頁）

この「棲み分け的」な対応構造は、私学（民）出身者によって民間企業の労働需要を満たすことで、「民」の領域で各近代セクターが共振し合いながら拡大するという、後発近代国家の「官」主導とは異なる側面を描き出しています。国家の側からみれば、私学への財政出動をすることなく、家計支出という「民」の力を借りて、拡大する民間企業という近代セクターへの人材需要を満たし、若者の学習（立身出世）意欲をも充足したのです。そうだとすれば、資源の乏しい後発近代国家にとって、民需に応えた私学の存在は、それなしでは近代化に滞りがでるほどの歴史的な必然だったのかもしれません。私学をルーツに持つ「就職のための大学」という、今日では誰もが疑うことのない日本の大学像は、日本的な近代化の過程で登場した歴史の産物と言えるのかもしれません。

このような私立専門学校の中に、やがて「大学」を自称する機関が登場します。一九〇二（明治三五）年には、東京専門学校が「早稲田大学」と改称し、その名称が文部省に認められます。その後数年間に、慶應義塾、明治、法政、中央、日本、関西といった「大学」（という名の専門学校）が出現します。そして、一九一九（大正八）年の大学令施行によって、法制度として私立大学の存在が認められます。

このように、のちに私立大学となる教育機関の多くは、専門学校をルーツとしていました。たしかに当初は名称のみ、やがて法制度のうえでも私立「大学」が認められるようになるのですが、欧米語の university（主にドイツモデル）とは異なる素性をもつ「大学」だったとみてよいでしょう。法律や商業・経済といった西洋的知識を教養とみなせば、カレッジと言えなくもないのでしょうが、教養教育を中心とした英米のリベラルアーツカレッジとも異なる出自です。こうしたルーツをもつ私立「大学」が、その規模の拡大を通じて日本の大学像の大きな部分を占めるようになっていったのです。

†経済成長主義との相性と国家との関係

「就職のための大学」という大学像があまりに当たり前に社会に受けいれられることで、大学は卒業生の就職実績を気にするようになります。入学者を引きつけるためのアピールにその成果を使う大学も現れます。就職のためのガイダンスやキャリア教育を重視するのも、「就職のための大学」の現象面での表れです。そしてなによりも、就職活動のためなら授業の欠席を許したり、就職活動の前後の学年や学期に授業の登録数を増やす学生の履修行動を許してしまうのも、「就職のための大学」という大学像定着の結果といえるでしょう。

「就職のための大学」が経済成長主義と相性がよいことも、納得のいく点です。高度成長の時代、大学は、企業戦士の育成のための教育機関とみなされました。その延長線上で考えれば、グローバル人材育成のために政府が決めたスーパーグローバル大学創成支援事業に私立大学が多数手を挙げたのも納得がいきます。科学技術立国のための最先端の研究はおおむね国立大学に委ねても、経済成長に資する人材育成の裾野を多数の私立大学が担うことは、「就職のための大学」像ともマッチします。

もともとが変化する社会の要請に機敏に応えることを身上としてきた旧制専門学校の伝統を引く私立大学にとって、現在においても「就職のための大学」として、企業の求める人材養成の期待に応えようとすることは理に適っています。「民」は民でも、市民社会の担い手としてより、経済社会の担い手としての側面が強調されてきたといったらいい過ぎでしょうか。教育を犠牲にしてまで学生の就職活動に遠慮してしまう日本の大学の姿を見ていると、日本人の思考の習性の一つに、「就職のための大学」という大学像が根強く居すわっていることを痛感せざるを得ません。

しかも、一八歳人口の減少が確実に見込まれる中で、これまでのように学生からの納付金に頼れない大学は、文科省の要請を受けた改革を（形だけでも）実行せざるを得ない立場にあります。私学助成金の額自体は少なくとも、それへの依存性が高まることで、国が敷いた路線に従う必要が出てくるのです。国家から相対的に独立した機関としての大学の独自性や自立性が問われるのは、このような事情からです。

「就職のための大学」が私立大学に留まらないことは周知の事実です。卒業生の就職市場の多くを民間企業が占め、そこでの参入競争には国立も私立もないからです。成長主義を謳う経済ナショナリズムのもとでは、「就職のための大学」像が優勢な日本の大学の役割は、個人の利益と国家の利益を一致させようとする幻想のもとで、戦前とは異なる形で「国家の大学」を演じていると見ることもできるでしょう。少なくとも、「学問の大学」や「市民社会のための大学」からは距離がありそうです。国家から相対的に自立しているはずの私立大学が多数を占めるにもかかわらず、国家の影響を排除できない日本の大学の総体的な構造は、その近代化の歴史に求められるのかもしれません。

†国立大学、その複雑な出自と種別化

現在、国立大学と呼ばれている高等教育機関は、二〇〇三年に成立した国立大学法人法により、二〇〇四年四月よりそれぞれの国立大学法人の設置する大学のことを指します。それ以前の国立大学は、一九四九年の国立学校設置法に基づいて、戦前の帝国大学や官立大学、官立の旧制高等学校・専門学校等がもとになってあらたに、制度上は同格の国立大学としてスタートしました。旧帝大のない県にも、一県に最低一校設置することを前提に、旧制官立学校の統廃合によってできたのです。

複雑なのは、戦前の帝国大学は、帝国大学令によって作られた大学であり、その他の国立大学と出自を異にしている点にあります。旧帝国大学以外の国立大学の多くは、戦前の

旧制専門学校をルーツにもつ大学です。一九一九年に施行された大学令によって大学を自称していた私立の旧制専門学校が正式に大学として承認されたことは前に触れました。その同じ大学令によって、官立の旧制専門学校のいくつかが正式の大学となったのです。一橋大学の前身の東京商科大学や、東京工業大学、多くの医科大学、東京と広島の文理科大学（高等師範学校が前身）などの旧専門学校が母体となってできた戦前の官立大学です。帝国大学令とは異なる大学令に基づいていたことから、帝国大学と官立大学の間には当初から明確な違い＝種別化がありました。

しかも官立の医科大学のほとんどは、官立の高等学校や師範学校、他の官立専門学校などと統合されることで、戦後の国立大学として発足、発展していきます。旧制千葉医科大学が千葉大学に、旧制金沢医科大学が金沢大学になるといったようにです。その結果、官立医科大学と統合して出来上がった国立大学と、その他の官立の専門学校や高等学校、師範学校などが統合してできた国立大学との間にも、威信をめぐる違いがありました。

さらには一九七八年まで続いた国立大学の入学試験では、一期校と呼ばれるグループと二期校と呼ばれるグループに分かれて入学試験が行われていました。二期校がややもすれば「すべり止め」（一期校の不合格者の受け皿）的存在とみなされることもあり、一期校と二期校の間にも格差意識が存在しました。旧制医科大学を母体にできた国立大学の多くが一期校になったため、前述の威信の違いがさらに試験制度によって強く印象づけられもしました。一九七九年に実施された共通一次試験によって、一期校、二期校の区別はなくなりましたが、国立大学の間にも、戦前の母体の違いや戦後の入試制度の影響による格差感がありました。

しかしもっとも明確な格差感をめぐるラインは、周知の通り、旧制帝国大学を前身とする大学（しばしば旧七帝大と呼称されます）とそれ以外の国立大学との間に引かれました。その違いはたんに戦前の制度（帝国大学令と大学令）の違いに留まりません。旧制の帝国大学を前身とする国立大学・学部の教員組織は、一九五六年に制定された大学設置基準により、講座制と呼ばれる組織形態をとっていました。これは研究を中心に専門分野ごとに講座（通常博士講座では、教授一名、助教授一名、助手一〜三名で構成され、その講座名が教員組織の名称となる）が置かれたことで、自立性の高い教員組織のユニットが作られたのです。旧官立大学をもとにできた国立大学の学部にもそれが当てはめられました。それに対し、それ以外の国立大学・学部では、旧制高校や専門学校でとられていた学科目制をもとに教員組織が作られました。それは研究中心というより教育中心に組織されたユニットでした。そして、長い間博士号の学位授与権は講座制の大学・学部に与えられ、学科目制の大学・学部には認められませんでした。この講座制と学科目制の違い、さらには学位授与権の有無は、予算配分（積算校費と呼ばれる予算配分の方式における単価の違い）にも反映しました。ただし、一九七六年以後、徐々に旧制大学に由来しない国立大学や学部にも博士号の授与権が与えられるようになります。さらに二〇〇一年、二〇〇六年の大学設置基準の改正により講座制・学科目制の区別は廃止されます。しかし、二一世紀に入るまで国立大学の間でこのような旧制大学をルーツにする大学・学部とそれ以外との「差別」（感）が実在したことは、国立大学といっても一つにくくれない異なる背景をもっていたことを物語っています。

†種別化と単一化

さまざまな差異や差別化を内に含みながら、国立大学は一枚岩とは言えないほどの多様性を特徴として今日に至りました。しかし、そうした差異や差別化が当初から意図されたものであったかどうかについては慎重な検討が必要です。先に見たように、出自の違いの複雑さが関係しているからです。すなわち、講座制と学科目制といった教員組織（大学を構成する基礎単位）の違いや学位授与権の違い、さらには一期校と二期校といった入試制度に端を発する境界線による違いです。単科大学に近い形態の比較的小規模な国立大学と、多くの学部を有する総合大学との間にも、規模の違いに留まらない違いがありました。博士課程の有無も同様です。それらの違いは陰に陽に、国立大学の間の差別化に繋がってきました。しかしそれらは、最初から意図され、計画的に作られたものではない点に、出自の複雑さと連動する差異化の複雑さがあります。その点を明らかにするために、一つの補助線として「種別化」論と呼ばれてきた高等教育政策論の枠組みを使ってみたいと思います。

戦後発足した国立大学はさまざまな格差意識や差別感を残しながらも、建て前としてはすべて同じ「国立大学」という名称のもとにくくられました。一県に一校の原則で作られたことから、「駅弁大学」という蔑称も生まれましたが、国立大学という大きなくくりのもとでは同格の存在でした。戦前の高等教育制度が、帝国大学、官立大学、私立大学、高等学校、専門学校といった多様な種類の高等教育機関によって構成されていたのと比べると、戦後教育改革は、高等教育を大学に一本化したのです（当初暫定的に短期大学の存在が認められたり、その後高等専門学校が作られたりしました）。

このような単一的な高等教育制度をめぐり、一九六〇年代になると高等教育を意図的に多様化しようとする政策論議が巻き起こりました。「種別化」論といわれるものです。戦後の教育をめぐる政策文書の中で、もっとも重厚かつ精緻な分析をもとに政策提言を行った答申として知られているのは、一九七一(昭和四六)年に出された中央教育審議会の「46答申」と呼ばれるものです。その中間段階の報告書、文部省編『わが国の教育のあゆみと今後の課題:中央教育審議会中間報告』(一九六九年:以下『中間報告』)には、日本の高等教育の特徴のひとつが、つぎのようにまとめられています。

(学校制度の種別化の要請と単一化の傾向)戦前には、大学と専門学校という種別があり、戦後もいったん完全に単一化された高等教育機関の中に短期大学制度の恒久化や高等専門学校の創設によって種別化が生じたが、さらに大学を一般大学と大学院大学とに制度上区別すべしとする意見も少なくない。/他方、戦前においても、専門学校の大学昇格運動などにみられるとおり、教育機関の機能上の分化もそれが卒業者の社会的な格付けに直結するため、つねに格付けの高い制度のほうへ単一化しようとする動きが続いた。今日も、より多くの大学が大学院を設置しようとする動きがあり、大学の種別化に対し

ては強い反論がある。（文部省編『中間報告』一九六九、六七頁）

戦前の高等教育を参照し、制度的に高等教育機関を種別化すべきかどうかという問題意識が生じたのです。そして、この46答申では、「今後におけるわが国の高等教育の多様化をはかるため、（中略）教育を受ける者の資格および標準的な履修に必要な年数によって高等教育機関を種別化するとともに、教育の目的・性格に応じて教育課程の類型を設けることが望ましい」として、高等教育を「大学」（その中にさらに異なる三類型〔総合領域型、専門体系型、目的専修型〕を分類）、「短大」（そのもとに異なる二類型〔教養型、職業型〕）、「高等専門学校」、「大学院」、「研究院」の五種八類型に「種別化」することを提唱しました（小林雅之「高等教育の多様化政策」『大学財務経営研究』第一号、二〇〇四、六五頁）。ここで示されているように、種別化とは、高等教育の異なる機能に従って制度上の何らかの区別をつけようとする発想です。先に述べた、意図せざる差別化や格差とは異なり、意図し計画したものとして高等教育の制度的な種別化を提案したのです。

その後の歴史が示しているのは、種別化の方向より、大学という名称への単一化の運動でした。高等専門学校の制度は残りましたが、短期大学もその多くは四年制大学に統合されたり改編されたりしました。実際には異なる機能や役割をもつ教育機関が、「大学」という名の下に単一化していったのです。

種別化を避けようとする意識のもとには、差別を忌避するある種の平等主義＝同格意識がありました。実際に存在する差異や差別化は認識しつつ、同じ大学であるという同格意識が種別化の実現を阻み、「大学」のもとに高等教育制度が単一化していく動きを生んだのです。ここには高等教育機関の種別化と単一化という二つのベクトルの存在と、その間で生まれるある種の緊張が戦後長い間続いていたことが示されています。

他方、二一世紀に入ると再び種別化論の勢いが強くなってきます。二〇一〇年代にはグローバルな競争を目指すG型大学と、地元に根付きローカルな人材養成を目指すL型大学の区別論も登場します。しかし、それらは46答申のような明確な、計画的で制度的な種別化に向かうのでなく、大学数も学生数も急増した大学大衆化の時代に、大学の機能や役割によって結果的に大学間の種別化や差異化を生み出そうとするものでした。

†国立大学法人化と「選択と集中」

国立大学のあり方を大きく変えたのは、二〇〇三年の国立大学法人法の制定です。それまで法人格をもたず国の組織の一部であった国立大学が、この法律によってそれぞれが法人格をもつようになったのです。教職員の身分もそれに伴い国家公務員から法人職員（みなし公務員）へと変化します。法人化後の国立大学は、依然として国からの国立大学法人運営費交付金を主な財源とした財政構造を維持しますが、二〇〇四年以後、毎年その減額が行われました。二〇〇四年に一兆二四〇〇億円だったのが、二〇二四年には一兆七八〇億円にまで減額されます。法人化後の一一年間に、毎年一％の定率で削減されていったのです。

それを補ったのが、いわゆる競争的資金です。科学研究費を含め外部からの補助金を競争的に配分することで、国立大学間の競争を促そうとする政策が定着していきます。その結果、二〇〇四年には運営費交付金と競争的資金等とのバランスは六対一だったのが、二〇二二年には一・五対一へと大きく変わります。ただし、こうした外部資金の多くは時限の区切られた資金であり、運営費交付金のような安定的な財源ではありません。そのために、人件費に用い、任期のつかない人材を雇用するには安定性を欠いています。運営費交付金の総額が減ることに伴い、財源区分の変化もまた国立大学の安定的な運営（とくに雇用に関して）に影響を及ぼすことになったのです。若手教員の非常勤化や非常勤講師に頼る教育の組織化などに、その影響が現れてきました。しかも競争的資金の配分は文字通り「競争的」に配分されるため、国立大学の間の格差をいっそう拡大する要因となりました。

他方、国立大学法人化は国立大学が自らの法人格をもつことで、国の機関であることで縛られていた規制（たとえば公務員法）から国立大学を解き放つことが当初は期待されていました。ところが、前述の通り運営費交付金と競争的資金とのバランスが大きく変わる中で、国立大学と国との関係にも変化が生じます。競争的資金の中には、文部科学省が進める諸改革の方向性にマッチした改革を大学が進めているか否かによって、受給のチャンスが違ってくるものがあるからです。さらには法人化に伴い設置された理事に文科省の出向者が就任するようにもなっています。外部からのインセンティブに留まらず、組織の内部からも文科省の意向が影響するようになるのです。

さらに大きな変化が国立大学に及びます。「選択と集中」路線に立つ二〇一六年に制度化された「指定国立大学」法人制度の導入です。この制度のもと、「世界最高水準の卓越した教育研究活動を展開し国際的な拠点となる国立大学が、組織全体でこうした課題に取り組むことにより、国際的な研究・人材育成及び知の協創拠点として、当該大学の研究力、人材育成力の強化につながるとともに、我が国の成長とイノベーションの創出につながる」（第4期中期目標期間における指定国立大学法人の公募について〔通知〕）ことをミッションとする国立大学を「指定国立大学」として認定し、とりわけ財政面での規制緩和の対象とすることにしたのです。これにより、大学発のベンチャー企業を大学の子会社にしたり、企業からの資金援助を受けやすくする大学債の発行などができるようになりました。一部の国立大学の国際的な競争力（とりわけ理工系の研究面での）を強化し、「我が国の成長とイノベーションの創出につながる」大学として、現時点で一〇校の国立大学が選ばれ、「指定国立大学」に認定されました。そのうちの六校は（北海道大学を除く）旧帝国大学を前身とする国立大学で、残りの四校は、筑波大学、一橋大学、東京医科歯科大学（当時）、東京工業大学（当時）です（いずれも前身は旧官立大学）。選択と集中によって国立大学の差異化を図ることで、「世界最高水準の卓越した教育研究活動を展開し国際的な拠点となる」国立大学を、「競争」を通じて種別化しようとしたのです。

しかし、この制度だけでは選ばれた国立大学の資金調達が十分に進まないことが徐々にわかってきました。そこで政府は二〇二〇年に新たに「国際研究卓越大学」制度をつくります。いわゆる一〇兆円の大学ファンドの運用益で、選ばれた大学に財政支援をする仕組みです。この制度は国立大学だけに限らないので国立大学の制度の変化とは言い切れません。しかし、実際に手を挙げた大学九校のうち七校は国立大学で、そのすべてが指定国立大学に選ばれた大学です（東京工業大学と東京医科歯科大学は二〇二四年に東京科学大学として統合）。資金面での特例を認めることで、減少傾向にあった運営費交付金の穴埋めをするだけでなく、ファンドからの収益で日本の大学の研究力の回復＝国際的競争力の強化を狙おうというのです。その先に、「我が国の成長とイノベーションの創出につながる」という経済成長主義や科学技術立国という「キャッチアップ型思考」があるのは歴然としています。しかもそのような大きな国是＝国家目標に適うだけでなく、「国際研究卓越大学」として選ばれるために手を挙げる大学は、文科省が推し進める諸改革をいかに実行しているか、実現のための具体的プランをもっているかを申請の際に示さなければなりません。競争の形を纏った行政指導です。

このような選択と集中は競争的資金配分の極致と言えるのかもしれません。しかし、ここでいう競争が、平等な条件のもとでの競争ではないことはたしかです。出自に由来する格差が連綿と続いてきた上での競争だからです。さらにここでいう競争が、教育や研究面での質やメリットをめぐる競争に限らないことにも注意を促す必要があります。文科省の改革スキームにどれだけ忠実に従っているかをめぐる競争でもあるからです。これは国家主導の開発国家型の政策を想起させます。キャッチアップ型思考から抜け出ていない証拠です。自立的で批判的思考を旨とすべき大学からの逸脱と言ってしまうと言いすぎでしょうか。

こうしてかつての意図せざる種別化は、意図した競争による種別化へとシフトしました。同じ大学という名称のもとにあった大学を「指定国立大学」や「国際研究卓越大学」として種別化することで、「我が国の成長とイノベーションの創出につながる」、グローバルな競争力を持つ大学をつくりだそうとしてきたのです。その結果が一部少数の国立大学とその他の大学との差別化を生んでいることは間違いありません。出自の違いがその後の有利不利につながる競争の構造は、まるで個人レベルでの社会移動をめぐる競争と似ています。出自の違いの有利さ・不利さを考慮しないまま、一見平等な競争が行われているかのように振る舞ってしまっているからです。

ちなみにメイキング・オブ風に言えば、今回、一九六〇年代の「種別化」論という政策言説を補助線として用いることで、六〇年代の意図された種別化論、その後の意図せざる結果、すなわち実態としての種別化、二〇一〇年代以後の意図して導入された競争の結果としての種別化の違いを明確に論じることができました。歴史を遡り、過去に使われた概念をあえて現在の分析に用いることで、六〇年代以後の変化を、意図の有無、そして意図の変化としてあぶり出そうとしたのです。

このような種別化のために意図されてつくりだされた「競争的環境」のもとで、国立大学と国家との関係、さらに市民社会との関係はどのようなものになるのか。「競争」の結果として生じる種別化・差別化はそこにどのような影響を及ぼすのか。もうすこし検討を続けます。

†カリフォルニアの夢

一九五九年一二月一八日、カリフォルニア大学理事会及びカリフォルニア州教育委員会は、「カリフォルニア高等教育マスタープラン、一九六〇～一九七五年（A Master Plan for Higher Education in California, 1960-1975）」を承認しました。後に、高等教育の世界で有名になる「カリフォルニア・マスタープラン」です。その翌年の一九六〇年からカリフォルニア州の公立高等教育機関は、このプランによって制度化されていきます。このマスタープランが世界の高等教育関係者から羨望の目で見られたのは、州の公立高等教育機関が全体として、excellence and access、すなわち卓越性と（高等教育への）接近可能性（≒機会の平等）とを同時に実現することを目指した公立の高等教育システムを計画したところにありました。カリフォルニア州を国に喩えれば、国立の各種高等教育機関をシステムとして統合し、卓越性と平等との共存、あるいはそれらの同時達成を目指す、そういう当時としてみれば極めて野心的な試みです。そのせいか、このプランによってできあがった仕組みを「カリフォルニア高等教育システム」と言う場合もあります。

このシステムの特徴は、博士課程までを有しエリート教育を担う「研究大学」のカリフォルニア大学群（ＵＣバークレイやＵＣＬＡなど一〇校）と、四年制大学中心で修士課程までをもち多数の学生を擁するカリフォルニア州立大学群（二二校）、さらには入学者選抜を行わず、一八歳以上で高卒資格相当を持っていれば誰にでも入学を許す二年制の州立のコミュニティ・カレッジ（一般教養や職業教育を提供：一〇〇校以上）の三種の高等教育機関によって構成されることです。プランに従えば、カリフォルニア大学群には州内の高卒者の一二・五％が、カリフォルニア州立大学群には三三・三％が入学できる仕組みでした。それ以外に高等教育を目指す学生は無選抜でコミュニティ・カレッジに入学することになります。

ただし、この三類型の高等教育機関は相互に閉ざされたものではない点に、このシステムの設計者たちの思想、すなわち卓越性と接近可能性という二つの相対立する目標を達成しようとした理想が織り込まれていました。相互の交通をよくすることで、開放性を確保しようとしたのです。例えば、当初コミュニティ・カレッジに入学した学生が、その後、四年制に転学したいと思った場合に、カリフォルニア大学群やカリフォルニア州立大学群への編入学のチャンスを一定の条件（成績や取得単位数など）のもとで提供するという具合です。カリフォルニア州立大学群からカリフォルニア大学群への編入についても同様です。こうした開かれた構造を当初の設計段階から組み入れることで、卓越性と接近可能性の両立を実現しようとしたのです。

このような高等教育の三層構造は、アメリカの他の州でも見られます。ですが、イギリスの高等教育研究の専門家、マージンソンによれば、カリフォルニア高等教育システムの特徴は、この三層構造の耐性《レジリアンス》の強さにあるといいます（Marginson, S., 2015, "California and the Future of Public Higher Education", *International Higher Education*, No.82）。とりわけ、幅広く教育機会を提供し、アクセスの平等という目標を達成するために様々なプレッシャーがもっともかかるコミュニティ・カレッジと州立大学群とが、その圧力に屈することなく耐えてきた点が特筆すべきだと言うのです。

カリフォルニア高等教育システムのもう一つの特質は、州立のシステムであるにもかかわらず、州政府（政治）からの大学の独立性を（当初はある程度）確保したことです。とくにエリート教育を担ったカリフォルニア大学群は、財政的には州との関係を維持したまま、州憲法によってその独立性が保障されてきました。その点で、州政府から公的に独立した理事会によって運営された自律性の高い高等教育機関としてこれもまた特筆に値すると言われたのです（Marginson, S., 2017, "The Master Plan and the California Higher Education System", *Tsinghua Journal of Education*）。しかもシステム全体として、高等教育を公共財（public goods, common goods）として位置づけ、そこに高い自律性を与えることで、American democracy（アメリカ的民主主義）の維持に貢献する公的な市民社会の一部として、政府からの独立性を維持したのです（前掲 Marginson, 2017）。これにはこのプランの設計者の一人であり、カリフォルニア大学群の学長を長く務めた経済学者クラーク・カーの指導力が大きく寄与したと言われます。もちろん、実際には州政府との軋轢や葛藤が存在しました。そしてその対立図式は、時代を経るに従って州政府の影響力を強めていきます（中世古貴彦「研究大学の自律と統制」『高等教育研究』二一集、二〇一八）。それについては後述します。

この三層構造は、本書で何度も言及したアメリカの社会学者、マーチン・トロウの高等教育の類型論にみごとにマッチします。トロウは、高等教育の類型を、エリート型、マス型、ユニバーサル型と分けました。研究大学としての性格を持ち、入学者選抜でも高い学力を問い、博士課程までの大学院を備えたカリフォルニア大学群は、このエリート型に相応します（この中には大学のグローバルランキングで上位を占めるバークレイやUCLA、サンディエゴなどが含まれます。ちなみにトロウはバークレイの教授でした）。他方、多くの学生に四年制の大学教育を提供するカリフォルニア州立大学群は、マス型に対応します。州内の高卒者のおよそ三分の一に四年制の大学教育を提供する機関です。そして、入学者選抜を行わず、年齢や高卒資格相当という最低限の資格を持っている人なら誰にでも入学を認める二年制のコミュニティ・カレッジ群は、ユニバーサル型に対応します。発展段階論を含んだトロウの議論とは若干異なりますが、類型論としてのトロウ理論はこのシステムによく当てはまります。それゆえ、トロウの理論が広く知れ渡ると同時に、日本でもカリフォルニア・マスタープランはよく知られるようになっていきます。

†日本の国立大学との違い

このような巨大な公立高等教育制度としてのカリフォルニアのシステムは、一九六〇〜七〇年代を通じて、アメリカ国内に留まらず、多くの先進国の高等教育研究者や政策立案者にとっての理想的な公立の高等教育システムとして映りました。この三層構造が卓越性と接近可能性という二つの相対立する目標を達成可能にする優れた公立のシステムとみなされたからです。

この三層構造が、高等教育種別化の一つの形態であることは間違いありません。そして、前述の通り、一九六〇年代後半から七〇年代にかけて、日本でも高等教育の種別化構想が文部省の中央教育審議会で論じられました。その際、カリフォルニア・マスタープランに言及されることはありましたが(文部省大臣官房調査課『ニューヨーク州とカリフォルニア州における高等教育計画』一九六八：中世古の前掲論文を参考にした)、卓越性と接近可能性との両立という崇高で明確な理念や、政府からの高等教育機関の自立、さらには市民社会の担い手、すなわち公共財として民主主義の発展に寄与するといった理想論が、日本の高等教育政策を導いたわけではありませんでした。とくに接近可能性の平等化という民主主義的な価値の実現、より具体的には教育機会の量的拡大という点では、日本の国立大学は大きな役割を果たすことがありませんでした。

その理由の一つは、政府が国立大学の量的拡大を渋り、抑制に回ったことから、教育機会の提供は私立大学が担うことになったためです。たしかに、主に戦前からの旧制の帝国大学や官立大学の一部は、エリート型として位置づけることはできます。しかし、マス型の機能は、地方国立大学がその一部を担いはしましたが、三分の一の高卒者を収容することを目指したカリフォルニア州立大学群に比べ、その役割は限定的でした(一九七〇年の四年制大学学生数のうち国立大学の占める割合はいわゆるエリート型を含めても二二%)。さらに言えば、四年制大学への編入学のチャンスを保障するコミュニティ・カレッジのような高等教育機関は国立の機関としては作られることはありませんでした。国による高等教育への公的支出が抑えられたことで、国立大学が公立の高等教育機関として、公共財としての役割、とりわけ高等教育への接近可能性の拡大という課題を十分に果たすことができなかったのです。

高等教育研究者の小林雅之さんによれば、それでも一九七一年までは国立大学の低授業料政策がとられていたといいます。その背景にあったのは、国立大学による教育機会の提供と人材養成(主に医師、教員、理工系人材)という二つの目標でした。しかしこの政策は、一九七一年以後、受益者負担論や国私間の授業料格差是正を求める声に押されて放棄されることになります（小林雅之「高等教育機会と国立大学低授業料政策の意味」『国立大学の財政・財務に関する総合的研究』二〇〇三）。そしてその後、国立大学の授業料は徐々に増え続け、二〇〇五年以後は現在の五三万五八〇〇円の水準に収まります。前述の通り、政府は国立大学の量的拡大を抑制しました。それは高等教育への政府支出の抑制策の反映でした。その結果、日本は先進国の中でも高等教育費用のうち公的支出割合の低い国、言いかえれば家計への依存度の高い国となるのです。本書でもたびたび指摘したように、日本の高等教育の「大衆化」を私立大学の拡張が担ってきたことの反映です。

国立大学と政府との関係においても、カリフォルニア・マスタープランが謳うような大学の政府からの独立、さらには、市民社会の担い手としての国立大学という役割認識が明確に日本に根付いたわけではありませんでした。それは前に論じたように、国立大学が法人化したあとでも大きな変化はありませんでした。

†夢の終わり

先に言及したマージンソンは、設立当初から五五年間にわたりマスタープランがよく機能したと述べています。それは、研究の卓越性やエリート教育機関への接近可能性の点でもよくやったというのです。ただし、トロウの言うユニバーサル・アクセス（誰にでも平等に高等教育の機会を与えること）には及ばなかったという見解も示しています（前掲 Marginson, 2017）。さらにマージンソンの議論は、カリフォルニアの公立高等教育システムが公共財としての役割を弱めていったことを、アメリカの政治やイデオロギーの変化に求めます。いわゆるネオリベラリズムの隆盛と関係する変化です。

カリフォルニアでは一九七八年に税制が大きく変わります。「納税者の反乱」と呼ばれた反税運動の影響を受け、住民投票の結果、財産税の減税が行われたのです（「提案一三号」）。財産税はカウンティ（郡）や学校区（初中等教育を管轄）の主な財源だったために、その影響を州政府が補塡するようになります。複雑な経緯を単純化して言えば、その割を食う形で、高等教育への支出分を含む州政府の財源が減少することになったのです。

カリフォルニアでこのような納税者の反乱が起きた背景をマージンソンは、個人の利害に基づく選択に価値が置かれるようになったことで説明します。公共＝集合体の利益より個人の選好を優先する個人化と呼ばれる現象です。小さな政府を目指す、ネオリベラリズムを支えるイデオロギーといってもよいでしょう。一九六七年から七五年まで州知事を務めたロナルド・レーガン時代の出来事です。レーガンは知事時代に、高所得者への所得減税や、キャピタルゲインへの減税を行います。そしてレーガンが知事を辞めた三年後に、前述の財産税の減税が行われたのです。

しかもカリフォルニア州は、移民や非白人人口の増加により学生の多様化が進みます。さらに高等教育への進学希望者の増加や多様化は、このシステム全体、とりわけコミュニティ・カレッジの費用の増加を招きます。州からの補助が減る中での費用の上昇は、当然ながら授業料の増加を招きます。それに拍車をかけたのが二〇〇八年のリーマンショック以後のカリフォルニア経済の停滞であり、それに伴う税収の減少です。その結果、州から高等教育への支出の三分の一がカットされたと言われます。収入が減れば優れた大学教員や学生のリクルートにも影響が出ます。カリフォルニア大学群の卓越性はなんとか残ったものの、編入学のチャンスの減少やその機会の人種や所得階層による格差拡大、コミュニティ・カレッジの入学者数の制限など、平等な接近可能性の目標達成は遠のいていきます。卓越性と平等との両立というマスタープランが描いた崇高な理想は潰え去り、その様を描いたマージンソンは、二〇一六年の自著のタイトルに「夢は終わった」を選びました(Marginson, S., 2016, *The Dream Is Over*, University of California Press)。

†再び日本へ

一九六〇年にはじまったカリフォルニア高等教育システムの顚末は、公立の高等教育がどのような理想のもとに設計され、それがどの程度の成功を収めたか、その後の「納税者の反乱」やネオリベラリズムのイデオロギーの影響を受け、高等教育への公的負担が厳しくなっていくなかで、卓越性と接近可能性（平等）との両立という理想がどのような末路をたどったかを物語っています。それらを公立高等教育のケースとして紹介したのは、クラーク・カーが描いた崇高な理想とはほど遠い、夢とも呼べない高等教育政策しかもたない私たちの国立大学の姿を、カリフォルニアの経験を合わせ鏡に見直したいと思ったからです。

はたして日本の国立大学政策が、どれだけ明確に公共財としての高等教育という理想を描き、維持しようとしてきたか。政府との関係において、カリフォルニア・マスタープランが謳うような大学の政府からの独立、さらには民主主義的価値の維持・発展に寄与する、市民社会の担い手として、どれだけ国立大学の役割が明確に意識されてきたか。それを政府が積極的に後押ししようとしたか。いくつもの疑問が残ります。

財政の悪化や新自由主義が後押しする「競争的環境」のもとで財政的な逼迫を経験している点では、日本の国立大学は二〇〇〇年代のカリフォルニア高等教育システムが抱えた問題と重複する部分もあります。出発点の理想の高さと理念の明確さゆえに、その後の変化がドラスティックに見えるカリフォルニアに比べ、曖昧でぼんやりとした中で衰退の下降線に入った日本との違いも注目に値します。理念や理想の共有を欠いたまま、一九七二年以後低授業料政策をとりやめ、教育機会の均等化のための国立大学の量的拡大を抑制してきた、つまりは高等教育への接近可能性の拡大という課題を放棄してきたのが日本の国立大学の姿です。公共財としての国立大学の役割を政策論議の中心に置いてこなかったことのツケだというと皮肉が過ぎるでしょうか。

メイキング・オブ風のコメントを付け加えれば、ここでカリフォルニア・マスタープランについての歴史を論述に加えたのは、たんにトロウ以来のアメリカの社会学者の議論の中でカリフォルニアの高等教育が念頭に置かれていたことを知っていたからだけではありません。日本の高等教育研究者にとって「憧れ」とも「理想」とも思えた――少なくとも重要な参照点の一つであった――カリフォルニアの高等教育システムとの比較を挟むことで、読者の目先を変える効果を考えたのです。カリフォルニアのシステムが公立の高等教育の理想像とみなされていたことを知っていれば、それと日本の国立大学との比較が日本の高等教育を捉え直す有効な視点を与えてくれるという目論見をもって、カリフォルニア・マスタープランの歴史を調べ始めたのです。日本の多くの高等教育研究者にとっても周知のカリフォルニア・マスタープランだからこそ、そしてトロウのエリート、マス、ユニバーサル論のモデルとなったマスタープランだったからこそ、この目論見に最適だという判断をしました。そういうおそらく多くの読者にとっては新鮮な知識の提供もまた、議論の展開においてある種の香辛料となることを考えたのです。

†選択可能性の検討

これまで公立の高等教育システムとしてかつて注目を集めたカリフォルニア・マスタープランについて論じてきました。卓越性と接近可能性を同時に達成しようと、高い理想を掲げたプランであり、一九七〇年代にはある程度その理想に近づくことができたことも指摘しました。そして、それとの対照として、日本の国立大学について論じました。具体的には、日本政府が一九七二年以後、低授業料政策を放棄し、しかも国立大学を通じて高等教育の機会の拡大を図ることを断念してきたことを明らかにしました。そこであえてカリフォルニア・マスタープランという海外の、しかも一九六〇～七〇年代の成功とその後の歴史に触れたのにはたんに比較の視点から日本の特徴を明らかにするというねらいだけに留まりませんでした。

メイキング・オブ風に言えば、比較を通じて、私たちにはほかの選択肢がありうること、その選択肢を選ぶことができなかった私たちの歴史を理解することの重要性を示したいと考えたのです。別の言い方をすれば、比較の視点をとることで、なぜ私たちは他の選択肢を選ばずに今日に至る政策を選んだのかという問いを取り出そうとしたのです。変化や歴史を含んだ複数の社会の間の比較は、「いかにhow」それぞれの社会が現在異なるかという現状記述的な特徴の把握に留まりません。「なぜwhy」このようになって、ほかにはならなかったかという選択可能性（alternatives）の検討を可能にします。

しかも、その後カリフォルニアで「納税者の反乱」が生じ、カリフォルニアの夢が破れていったことにも触れました。六〇年代のカリフォルニアの理想と日本の現実とを比べるだけでなく、その理想が実現への道からどのように外れていったのか。その背景に何があったのか。そうした理想の挫折の過程を指摘することで、そのような理想をもつことのなかった私たちの高等教育政策がどこから来てどこに行くのかについて考えるきっかけを得ようとしたのです。変化や歴史を含んだ比較から、理想や理念の役割について検討するための土俵を設定しようとするのがねらいでした。

このように比較といっても、それをどのような視点から行おうとするかによって、そこから展開できる議論の広がりが違ってきます。ただ、紙幅の関係でその展開まではできませんでした。そこでここではこうした複数のねらいを込めて行ったカリフォルニアと日本の比較論をもう少しだけ深めていきたいと思います。

†歴史の選択

先の議論で、小林雅之さんの研究に言及し、一九七二年以後、日本政府は国立大学への低授業料政策を放棄したことを述べました。さらに授業料は上昇し続け、二〇〇五年以後は現在の五三万五八〇〇円の水準に押し上げたことにも触れました。その結果、国立大学の授業料は、一九七五年には私立大学の五分の一だったのが、二〇〇八年には私立大学のおよそ三分の一へと変化します。

それだけではありません。対GDP比でみた政府の高等教育費支出は、一九七九年にピークを迎え、その後減少していきます。九一年に減少傾向が止まり、その後は微増になると丸山文裕さんの研究では指摘しています（丸山文裕「高等教育への公財政支出」『大学財務経営研究』第四号、二〇〇七、二一―三四頁）。政府全体の財政支出自体がこの間増え続けていたことを背景に置けば、ここには明らかに政府の政策選択が反映しています。これらをあわせると、七〇年代～九〇年代を通じて、日本政府は高等教育への公的支出を抑制するという政策選択をとってきたことになります。

それではこのような政策選択は、国民の間で広く論じられてきたのでしょうか。このような問いを間に挟むのは、それによって、前述の問い、すなわち、なぜ私たちは他の選択肢を選ばずに今日に至る政策を選んだのかという問いに答えるためです。

そのための補助線として、高等教育への公的支出を正当化する二つの理論を紹介します。先進国の間では、大きく二つの理論的支柱がありました。ひとつは、高等教育の成果は経済成長に資するという見方です。それは広い意味での人的資本論と呼ばれる理論に支えられています。教育への投資は国全体の人的資本の増大に寄与するはずだという理論をもとに、高等教育においても公的投資を正当化するのです。科学技術の発展とか国際競争力の強化という系列の議論もここに属します。高等教育の機会を拡大することで、その社会全体の人的資本の増強ができるという見立てです。

もう一つの議論は、高等教育を受けることを社会的権利と見なし、その権利を人びとに平等に提供することが、機会の平等という民主主義の理念に適うという機会平等論です。とりわけ高等教育を受けることが、個人のその後の人生にとってさまざまな経済的・非経済的な利益を生み出すという経済学や社会学の研究成果をふまえ、そのような高等教育の機会を平等にすることが、機会の平等につながると考えるのです。この理論に従えば、ある社会が機会の平等という民主主義的価値を強く信奉していれば、その政府は公的な財政支出を通じて、高等教育機会の拡大を図るはずです。

ここでも高等教育を受けることは個人レベルでの人的資本の拡大につながるというミクロ経済学の理論が援用されることがあります。より高い学歴をもつことが個人の人的資本の増大、すなわち労働生産性（≒所得）の向上に結びつくという考え方です。カリフォルニア・マスタープランにはこの人的資本論（≒卓越性の追求）と結びついた機会平等論が理想として掲げられていたことは前に論じたとおりです。そしてそこでの議論では、それに対し日本の高等教育政策の論議において、このような高邁な理想を掲げた議論が行われなかったと指摘しました。

それでは実際に日本の高等教育政策は、どのような歴史の選択を行ってきたのでしょうか。先に言及した丸山さんの研究には、文部省の高官を務め、高等教育の研究者でもあった大崎仁さんの指摘をふまえた、興味深い次の一節があります。「昭和五〇年度高等教育懇談会報告「高等教育の計画的整備について」(一九七六年三月刊)が公表されたが、それは、日本において始めての高等教育計画であった」(丸山二〇〇七、前掲論文、三三頁)。つまり一九七五年以前には、日本の高等教育の規模についての計画が存在しなかったというのです。この「計画」は高等教育の量的な拡大をどのように制御するかを決める政策でした。ここでの議論の文脈に照らせば、高等教育の機会の量的拡大に関するいわば「始めて」の政策文書だというのです。

この文書を詳しく分析した橋本鉱市さんの研究(「高等教育懇談会による「昭和五〇年代前期計画」の審議過程」『東京大学大学院教育学研究科紀要』五一巻、二〇一一、一一七―一三四頁)では、この懇談会(文部省に作られた「法制に基づかない審議会」[橋本二〇一一、前掲論文、一一八頁])の四つの報告書を次のように要約します。

この四度にわたる報告書に通底しているのは、高等教育の全体規模、地域間・専門分野別の格差是正、国公私立の比率、大学院拡充、短大制度の再検討、私学助成、高等教育の柔軟化・流動化、財政負担など、大学進学率の上昇の動向にあわせて高等教育の大衆化にいかに対応するかといった方策である。(一一九頁)。

地域間・専門分野別の格差是正という言葉は入っていますが、教育機会の平等という明確な目標は見られません。小林雅之さんの論文でも同じ懇談会の報告書の分析が行われていますが、そこでも検討課題として掲げられた六つの項目のうち「高等教育の機会における著しい地域間格差」の是正という課題は示されますが、地域間以外の不平等については言及されません(小林「高等教育抑制政策への転換」放送大学研究報告『学習社会におけるマス高等教育の構造と機能に関する研究』一九九六、一二四頁)。機会の格差は、地域間の格差という問題に限定され、社会階級間の不平等やジェンダー間の不平等については主要な問題関心として言明されていなかったのです。

この「計画」自体が「大衆化、より具体的には無計画的な量的拡大、の歪みの是正のための教育計画」だとみなされていました(小林一九九六、前掲論文、一二四頁)。橋本さんの言葉を再度引けば、「高等教育の大衆化にいかに対応するかといった方策」、要するに前向きproactiveの計画ではなく、大衆化への対応というreactiveな計画だったということです。

もう一つ興味深いのは、大衆化という概念が、高等教育の量的拡張を記述する際に用いられている点です。機会の平等のための量的拡大という認識とは異なるということです。格差を論じる際に、「大衆（化）」という曖昧な概念を用いることで、階級といった社会的カテゴリー間の不平等という問題に視線を向けない、この時代の特徴と言えるでしょう。この問題については本書でも以前に詳しく論じました。

もう一点注目すべきは、全体としてこの計画は「無計画的な量的拡大」を抑える高等教育抑制策を主眼としていましたが、他方で、将来必要とされる専門分野（医療や教育の専門家の養成）については、地域間の格差是正を目指しながら、ある程度の拡張を許すという論調を維持してきました。このような特定の職業分野の将来の需要に高等教育の量的拡大を特化しようという発想は、社会全体の人的資本を高めようとする人的資本論の論調よりも、マンパワーポリシー（将来特定の職業分野に必要とされると予想される需要を満たす人材養成＝供給を目指す政策）に近いということができるでしょう。一見、未来志向的に見えますが、現状をふまえた将来予測という発想は、proactiveとは言えません。一九六〇年のカリフォルニア・マスタープランで掲げられた明確な理想と比べると、reactive な政策といってよいでしょう。未来志向 proactive ではない、適応型の reactive な思考のもとでは、高邁な理想が掲げられないのは当然です。現実離れした未来志向の政策言説は、抽象的な理想論を語る上で、翻訳語導入の際の思考の型である(エセ)演繹型と馴染みがよいのですが、その一方で、適応型の――にもかかわらず現実把握に基づく帰納的思考とはほど遠い――reactive な思考が幅をきかせてきたことも日本人の思考の型として指摘できるでしょう。いずれも演繹と帰納との往来を欠いた思考の習性です。

このような適応型の抑制策が論じられた背景には、時の政権与党、自由民主党の高等教育観があったことが小林さんの研究によって示されています。小林さんは、自由民主党政務調査会文教部会文教制度調査会の「高等教育の刷新と大学入試制度の改善および私学の振興について」(一九七四年)という文書の中に次の文言を発見します。

高等教育費についての家計負担の増大(とくに国公私立間の負担の不平等)と、それにともなって急速に高まっている国の財政負担に対する要請を考える時、資源の効率的な活用の視点からも、無原則、無計画な「大学の量的拡大」は放置すべきではない。(中略）当面、高等教育機関の多様化を進めながら、無原則な量的拡大を抑制して、質的充実と国公私立間の格差是正のための諸施策を推進する。（小林一九九六、前掲論文、一二六頁）

「大学の量的拡大」を機会の平等と結びつける見方はここにはありません。むしろ、高等教育の「質的充実と国公私立間の格差是正」のための量的抑制策が主張されたのです。カリフォルニア・マスタープランとの違いは歴然としています。

日本では平等（equality）より質（quality）が優先されたという政治的判断は、ドイツの比較政治学者、ギャリッツマンの分析でも確認されます。自民党という保守政党が長期政権を担ってきた日本では、高等教育の質の維持を機会の平等より優先する、ある種のエリート主義が根強かったというのです（Garritzmann, J.L., 2016, *The Political Economy of Higher Education Finance*, Palgrave Macmillan）。財政規律を優先する政治的判断も保守政党の特徴でした。

しかし、こうした政治的な判断が、国民に選択肢として与えられたか否かを考えてみると、疑問符がつきます。高校教育については、機会の平等論が論じられることがありましたが、高等教育については、それを機会の平等の実現手段、ひいては社会全体での平等な機会の保障として位置づける議論が長い間、欠落していたのです。高等教育レベルでは、機会の平等という民主主義的な価値が強く社会に根づいていなかったということです。それが政府の高等教育政策、とくに国立大学の授業料値上げや量的な拡張を抑制する政策となってきたのですが、そのことと対立する価値(機会の平等論)があまりに弱すぎた(あるいは「大学の大衆化」のように曖昧だった)ために、複数の政策選択肢の存在が見えにくくなったのでしょう。カリフォルニア・マスタープランのような明確な理想に基づく政策論議の欠如といってよいでしょう。その結果が、高等教育の量的拡大を私立大学に任せ、国は「小さな政府」を維持するという政治姿勢となって続いたのです。(ただし、正確を期せば、文部省は一九七五年に交付された「私立学校振興助成法」によって私立大学に対し「私立大学等経常費補助金」を提供することとなります。この法律の国会での付帯決議には、運営費の二分の一以内の補助が可能なことが示されましたが、実際には補助割合は一九八〇年の二九%をピークに減少を続け、現在では一割に満たなくなっています。私立大学への財政支援を通じた機会拡大への政府の関与とみることもできますが、その規模を見る限り、極めて限られたものと言えます。)

量的拡大を抑制しながら、高等教育の質を維持し、なおかつ社会が必要とする特定分野の人材養成を行おうとする政策には、前述のマンパワーポリシー論的な発想がありました。このような政策思考は、社会全体の人的資本を増やそうとする人的資本論とも異なっていました。

†もう一つの高等教育論

先に高等教育への公的支援を正当化する理論として、人的資本論と機会の平等論を紹介しました。しかしこうした議論とは別に、高等教育の価値を論じようとする理論があります。高等教育の修了資格＝学歴を、地位財（positional goods）と見る見方です。その理論の要諦を述べれば、学歴を人的資本のような絶対的な価値としてみなすのではなく、他者と比べた相対的な価値と見なす見方を基本とします。

さらにこの理論には、学歴という地位財をゼロサムゲームの中で獲得される相対的価値とみる見方が含まれます。大学入学者の定員が決まっていれば、大学に入れるか否かはある種のゼロサムゲームになります。相対的な学歴の価値が地位財として重要だという見方に立てば、同じ大卒といってもどのような大学を出たかという相対的な価値が重要となります。選抜度と威信の高い、偏差値ランクの高い大学に入れるか否かが、その大学の入学定員によって決まるゼロサムゲームだということです。

ある社会の内部での相対的な価値を競い合うゲームとしてみれば、地位財としての高等教育論は、私たちにおなじみの学歴社会論と見事に合致します。さらに敷衍すれば、この地位財としての高等教育論＝学歴社会論は、私たちの大学教育の見方とも共振します。私たちが大学を選ぶ時、その大学の威信や選抜度（偏差値）についてはは気にしますが、そこでの教育の質の高さ（何をもって測るかは曖昧ですが）を基準とすることはありません。教育の質が高くても偏差値ランクの低い大学は敬遠されがちです。就職活動のために学生たちが授業を休んだり、その時期の授業の履修を避けたりすることが社会全体で許されてきたのも、大学での教育に価値を置いていないことの証拠と言えます。人的資本論に立てば、非難されるべき事態です。このように、大学の銘柄＝相対的価値に比べ、教育の中身やその価値がそれほど問われないという事態は、地位財としての学歴という見方に適います。

学歴社会論と呼ばれてきた私たちの大学教育への見方は、相対的な価値、すなわち地位財として学歴・学校歴を見る私たちの認識と大きく重なります。そうだとすれば、相対的に高い価値を求めて熾烈な競争が繰り広げられた受験競争の緩和が、一九六〇年代、七〇年代の教育論議の中心を占めてきたことも頷けます。教育機会の拡大は競争の緩和とは結びついても、機会の平等論とつなげて支持されたわけではないのです。

なぜ人的資本論や機会平等論に基づく、高等教育費の公的支出を増やす正当化理論が日本では力を得なかったのか。日本社会では、地位財としての学歴社会論が広く受け入れられてきたというのが私が主張する根拠の一つです。地位財という隠れた民俗理論（folk theory）に守られた思考の習性が、私たちにそれ以外の選択肢を選ぶこと、もう一歩踏み込んで言えば、そのような選択肢を想像さえしなかったことの原因だったと私は考えます。

あとがき

本書では、日本の大学について、その思考の習性についていくつかの観点から論じてきました。大学の「大衆化」といわれた大学教育機会の拡張期に、どのような思考の習性が埋め込まれていたのか。「大衆」という言葉にこだわりながら、その語の曖昧さについて論じました。さらにはこの大衆を含む翻訳語についても、それが日本語による教育を可能にすることを通じて日本の大学の「大衆化」に貢献しただけでなく、西洋先進国から抽象的な概念を翻訳を通して輸入する際に生じる思考の習性として、演繹型思考やそれに対応した授業の形態について論じました。その過程で「日本の大学は翻訳語でできている」という大胆な仮説を提出しました。

さらには、翻訳語の問題の一環として、大衆の語と対比される「階級」という翻訳語についても検討を加えました。階級の語が消されてしまうことで生じた日本における社会の不平等の認識や理解にどのような影響が及んだかについて論じました。そこにも翻訳語でできている日本の大学の思考の習性が根深く入り込んでいると考えたからです。そして階級の概念が根づくことのなかった日本社会において、「大学の大衆化」という認識が思いがけずに陥ってしまう認識の特徴、あるいはバイアスについて検討しました。大衆という語の曖昧さが、ユーフェニズム（婉曲表現）となることで、社会に潜在する対立や葛藤が見えにくくなることを指摘しました。これらの知識社会学的分析をふまえた上で、最終章では、日本の大学が現在直面しているいくつかの問題（例えばグローバル化への対応、私立大学・国立大学が抱える問題、学歴社会という社会認識に潜む地位財としての学歴など）について、そこにどのような思考の習性が入り込んでいるのかを論じました。

これらの問題を論じると同時に、ところどころで「メイキング・オブ風」と称して、どうしてそのように考えたのか、あるアプローチをとることで議論をどのように展開しようとしたのか、といった話も間に挟みました。研究を進めていく上での、あるいは論文を書いていく上での、私なりのコツのようなものを少しばかり種明かしして、皆さんに伝えようとしたのです。今振り返ると、この「メイキング・オブ風」の挿話は、どれも中途半端だったかもしれません。それでも本論が進む途中で、その種明かしを挟むことで、論者の思考の過程の一部を読者の皆さんに共有してもらおうとしたのです。もう一歩踏み込んでいえば、読者が手にする書物や論文が、すでに完成したものではなく、そのような試行錯誤を経て目の前に存在することに読者の注意を喚起しようと考えました。本書の著者自身を含め、著者たちの議論を鵜呑みにしないための方法(「知的複眼思考」)の提示を意図したのです。しかし、思考法の議論としては中途半端で終わってしまったのは我ながら残念です。

本書の成り立ちについては、「はじめに」で、『ちくま』への連載執筆の依頼であったこと、さらにその依頼を受けた際の私の反応についても触れました。繰り返せば執筆の依頼は、それからおよそ二年後に定年退職を迎えることがわかっていたときに私のもとにときました。そしてその時点では、それから執筆するおよそ一年半に及ぶ時間が、私自身三五年近く務めてきた大学教員という役割を終える時期と重なることを意識したのです。私自身の大学との関わりについて、振り返るチャンスになるとも考えました。

連載でこの部分の原稿を書いていたのは、オックスフォード大学の教師として一六年勤めたその最後の月の最後の二週間でした。本や資料はすでに日本に送ってしまったため、研究室の書架はすでに空っぽでした。本来は、本書のまとめとして、これまでの議論を総括するようなこと、あるいは結論めいたことを書くべきだったのでしょうが、そういう時期に、あるいはそういう場所で、この原稿を書いていることの感傷からか（？）、この最後の部分では少しだけ個人的なことに触れてみたいと思いました。

定年そして帰国する前の二カ月くらい、いろいろな方たちから、定年を迎えることの感想を聞かれました。日本からいらした方たちからは、イギリスの大学で長年勤めたことの感想も聞かれました。正直なところ、これらの質問に答えるには、まだピンときていませんでした。あっという間の一六年だった気もしたし、いろいろと仕事以外で（ここには書けないような）大変なこともありました。振り返るにはまだ早すぎると思ったのかもしれません。

ただ、大学教師として、さらには日本社会を研究する社会学者として、オックスフォードというグローバルな大学で過ごせたことは、日本の大学を本拠地とする大学人にはおそらく想像できないような知的な刺激と興奮を味わうことができました。それは同僚たちとの関係だけでなく、毎年新たに出会う学生たちとの関係を通じて得られたものでした。とくに、英語と日本語という二つの言語の学問共同体の狭間にいた経験が与えてくれた、ほかには代えがたい、日本や世界を見るユニークな視座のおかげもあって、私だけのオリジナルな研究を行う知的基盤を作ることができたと自分では思っています。そうした視点から作り上げた学問が、どれだけ実際にオリジナリティの高い研究だったかどうかは、もちろん、読者の皆さんの評価・判断に委ねられるべきです。それでも、自分で、これは面白い！　これはもっと追究すべきだ！　といったいくつものリサーチ・クエスチョンを発見できたのは、日本の大学に留まっていたらできなかったことだと今でも確信しています。英語と日本語の二つの学問共同体のマージナルな場所にいたことから得られた問いや視点だからです。その代表的な成果が『追いついた近代　消えた近代』（岩波書店、二〇一九）です。さらには、本書で試みた、大衆や階級といった翻訳語と日本における社会認識の枠組みとの関係を明らかにしたいという知的衝動もそうだと信じています。

しばしば、海外に長く滞在すると日本を相対化してみる見方を得られるのではないか、といった指摘を受けることがあります。たしかに、日本の文化や慣習を相対化する上で、海外で暮らす経験は、日本だけで生活していたのでは得られない視点を与えてくれることもあるでしょう。ですが、ここで論じているのはそういうことではありません。文化や習慣と呼ばれるものの根底にあり、私たちの認識枠組みを構成している言葉、とくに翻訳語の問題を、英語というもう一つの言語を日常的に使うなかで強く意識するようになりました。そのことで、日本にいて日本語だけで研究していては気づかれにくい認識枠組みやそれを構成する鍵となる言葉の特徴を捉える視点が得られたのだと考えています。

そのようにして気づいた認識枠組みの特徴を、私だけの思い込みや主張としてではなく、さまざまな過去の文献や資料に現れる言説や知識を「データ」として用いながら、知識社会学という社会（科）学の一環として追究する。そのような実証的な研究を通じて、たんに文化や習慣の相対化ではなく、その根底で作用する知識の働きを比較的・歴史的に捉えようとしてきたのです。もちろん、その成否は読者の皆様の評価に委ねられます。ただ、学問の生産者としては、そのような自分の（二つの言語の学問共同体のマージナルな場に立つ）アイデンティティを自覚しながら、オックスフォードでの研究を続けてきました。そのような姿勢は、英語で論文を発表する場合にもできるだけ維持しようとしました。

†大学教師として

大学教師としての経験についても振り返ってみたいと思います。オックスフォード大学での教師としての仕事は、おもに大学院生の指導でした（ほかにもSociology of Japanese Societyといったゼミや社会科学方法論の授業も担当しました）。社会学科と地域研究の日本学の大学院の二つに所属していたので、二つの学科の修士課程の学生と社会学科の博士課程の学生の個別指導、さらには社会学以外の学科で日本に関する研究をしている博士課程の学生の個別指導も行いました。

博士課程の場合、数年かけて論文を完成するまでの指導が中心になります。大学院生を指導する場合、オックスフォードでは教師は（アカデミック）スーパーバイザーと呼ばれます。一六年間で一一人の博士号取得者を指導しました。そのほとんどがさまざまな国や地域（イギリス、アメリカ、ドイツ、ロシア、トルコ、香港、日本など）で研究職に就いており、まだ多くはありませんがすでにテニュア（終身在職権）をとった元学生たちもいます。東京大学時代に指導した博士号取得者（おそらく一五人くらい）の一人を除くすべてが、留学生を含め、日本の大学で勤めているのとは対照的です。

修士課程については毎年、五、六人、多い時には七、八人の学生を指導してきました。二つの学科の学生なので、一方は、日本に関する社会科学的研究（社会学とは限りません）をテーマとする学生たちを、他方、社会学科の学生たちのほとんどは日本に関係なく、多様な国を対象とした、多様なテーマの学生たちを指導しました。方法論的にも、高度な統計手法を用いる学生から、インタビューや言説分析といった質的方法など、実に多様でした。この点では、博士論文の指導でも同じです。また、それほど多くはありませんが、日本学の学部生の卒業論文のチューター（学部生の指導者はこう呼ばれます）も務めました。たいていは社会科学系の論文を書く学生たちでした。

対象とする国、テーマ（教育に関する研究でない場合がほとんどでした）、方法論、年齢、出身国や大学院入学前の学部時代の専門分野といった点で、実に多様でした。これは教育社会学という狭い専門分野で、院生（そのほとんどが学部から直接大学院に進学した学生）の指導をしていた東大時代とは比べものにならないくらいの多様性です。

それに加えて、スーパーバイザーとしてではなく、論文審査の仕事も数多く務めました。オックスフォードでは必ず二人で論文の査読・採点をします。修士論文の場合には、口述試験はありませんが、博士論文になるとオックスフォード大学の教員から一人が内部試験官となり、もう一人は大学外から外部試験官として、二人で論文の査読と viva（正確には viva voce）と呼ばれる口述試験を行います。博士論文の審査の場合、社会学科の論文も引き受けましたが、それ以外に、日本に関する社会科学（人類学、政治経済学や教育学）や歴史学、ときに現代文学（ただし現代日本社会の分析に近い研究）などの審査もしました。最終試験の前段階（confirmation of status と呼ばれる、最終的に論文提出の資格があるか否かを確認する）で審査した論文を含めれば、スーパーバイザーとして指導した学生より、そのテーマや対象はさらに多様をきわめます。場合によっては自分の専門の社会学や教育社会学とはかなり離れた学問領域やテーマの論文の審査もしました。

なぜそのようなことが可能なのか。それは私が博識なわけでも、他の学問分野の専門知識に精通しているからでもありません。そうであれば、それはそれで素晴らしいことでしょう。しかし、個々の知識（fact）について深く知っていなくても、知識の組み立て方がどのようにできているか、そこにどのような論理的なつながりがあるか、その良し悪しは判断できます。個々の知識（fact）の当否についてある程度の知識はたしかに必要ですが、それ以上に重要なのは、それらの知識がどのように用いられているか、さまざまな知識の組み合わせとその提示の仕方についての判断力です。

もう少し具体的に例を示せば、核となるリサーチ・クエスチョンがどのように表現され、提示されているか。大きなクエスチョンから、論文全体の議論の構成をガイドするサブクエスチョンがどれだけ論理的にブレイクダウンされ提示されているか。それらの関係はうまく関連づけられているか。リサーチ・クエスチョンに関係するいくつかのキーコンセプトが明確に論じられているか。それらを意味づけるための先行研究のレビューがどれだけリサーチ・クエスチョンと関連づけるために吟味され、提示されているか。さらにリサーチ・クエスチョンやそのサブクエスチョンの提示や意味づけの議論を通じて、それらの問いの重要性や、その問いの「面白さ」が示されているか。これらのことごとは、私たち研究者が自分の研究を進める場合に、自己反省的に常に問うていることです（本書での私の思考過程≒試行錯誤もその一例です）。ですから、長年研究をやり抜いてきたことの経験の蓄積から、私たち大学教師は、知識の使いこなし方を身につけているはずです。その経験を学生たちの指導に生かすことで（研究→教育）、多少分野の異なる論文でも、その良し悪しの判断がつくのです。さらに言えば、そのような指導と評価の経験を積み上げていくことで、学生たちの頭のなかでどのような思考（≒知識の編集）が組み立てられているか、その過程を想像できるようになるのです。もちろん、その想像がいつでも最初から正しい保証はありません。だからこそ、チュートリアルやスーパービジョンの場は、たんに教師が学生にアドバイスを与えるだけでなく、学生の頭の中を教師が試行錯誤を通じてのぞき込む機会にもなっているのです。学生への質問とその応答の繰り返しは、そうした試行錯誤の過程でもあります。

おそらくオックスフォードで私が得た貴重な経験は、これらすべてのことを英語でやり続けてきたことです。翻訳語の曖昧さやユーフェミズムについては、英語の場合には、日本語ほどにはその問題点は目立ちません。さらに接続詞を論理的に使う必要性の高い英語のほうが、論理の曖昧さやズレを見極めるうえでも、日本語より論理性の判断がつきやすいといえます。

もうひとつ言葉の問題に関して言うと、英語の方が敬語表現が少ないため、学生との議論がより対等な関係として成立している印象があるということです。学生と教師とのフラットな関係を築く上で、この対等性は重要です。互いに学問共同体のメンバーであることを前提として議論しあうことが、より活発な議論を生むだけでなく、批判的な思考を育む上でも重要だと言えるのです。一方的に教えを請うか対等な議論となるかが、日本語と英語に対応しているといった単純なことではなく、フラットな人間関係を表象できる言語でのコミュニケーションのほうが、学問共同体の同じメンバーであるといった意識と馴染みやすいということです。さらにいえば、日本語だと、たとえ建設的な批判であっても、非難や攻撃と受け取られてしまうことがあります。「批判」の正しい意味を伝えるコミュニケーションのメディアとしての日本語の難しさでしょう。

本書のもととなる『ちくま』の連載原稿を書くことは、ほぼ毎月決まって、あるテーマについて、継続性を考えながら、多くの読者にわかってほしいテーマを選び、掘り下げ、そのために自分の思考を進めていくというプロセスでした。あらゆる著作物、表現物がそうであるように、それがどれだけうまくいったかは常に読者に開かれています。とくにメイキング・オブの部分が中途半端に終わったことは著者自身が自覚し、反省しています。ただ、著者としては、私のオックスフォードでの最後の一年半とほぼ重なるこの一九カ月間を、この連載の執筆が充実したものにしてくれたことは確かです。そしてその過程自体を『ちくま』の読者の皆さんと共有したいと思ったのも確かです。

このような機会を与えてくださった筑摩書房、編集を担当してくださった橋本陽介さん、そして何よりも連載を読んでくださった『ちくま』の読者の皆様に感謝申し上げます。

ちくま新書
1855

日本人《にほんじん》の思考《しこう》
――ニッポンの大学教育《だいがくきょういく》から習性《しゅうせい》を読《よ》みとく

二〇二五年五月一〇日 第一刷発行

著者 苅谷剛彦（かりや・たけひこ）

発行者 増田健史
発行所 株式会社 筑摩書房
東京都台東区蔵前二-五-三 郵便番号一一一-八七五五
電話番号〇三-五六八七-二六〇一（代表）
装幀者 間村俊一
印刷・製本 三松堂印刷 株式会社

ISBN978-4-480-07684-7 C0230

ちくま新書

1757 実践！ クリティカル・シンキング　丹治信春

「論理的な思考力」は、推論の型を「構造図」としてとらえる訓練を積むことで身につけられる能力である。新しく、実用的なクリティカル・シンキング入門。

1753 道徳的に考えるとはどういうことか　大谷弘

「正しさ」はいかにして導かれるか。非主流派倫理学の立場からプラトン、ウィトゲンシュタイン、槇原敬之らの実践を検討し、道徳的思考の内奥に迫る哲学的探究。

1813 哲学の問い　青山拓央

哲学という営みの中心には、問いを育てるということがある。選び抜かれた24の問題と取っ組み合うことで、哲学をするとはどういうことかが体得できる入門書。

1780 倫理学原論 ――直感的善悪と学問の憂鬱なすれちがい　船木亨

直感的な善悪の方が哲学的倫理学より正しいのではないか。倫理学を根底から問い直し、学問としての倫理学が真に目指すべきものと倫理学的観点の面白さを伝える。

545 哲学思考トレーニング　伊勢田哲治

哲学って素人には役立たず？ 否、そこは使える知のツールの宝庫。屁理屈や権威にだまされず、筋の通った思考を自分の頭で一段ずつ積み上げてゆく技法を完全伝授！

482 哲学マップ　貫成人

難解かつ広大な「哲学」の世界に踏み込むにはどうしても地図が必要だ。各思想のエッセンスと思想間のつながりを押さえて古今東西の思索を鮮やかに一望する。

832 わかりやすいはわかりにくい？ ――臨床哲学講座　鷲田清一

人はなぜわかりやすい論理に流され、思い通りにゆかず苛立つのか――常識とは異なる角度から哲学的に物事を見る方法をレッスンし、自らの言葉で考える力を養う。

132
ケアを問いなおす
――〈深層の時間〉と高齢化社会
広井良典
高齢化社会において、老いの時間を積極的に意味づけてゆくケアの視点とは？　医療経済学、医療保険制度、政策論、科学哲学の観点からケアのあり方を問いなおす。

377
人はなぜ「美しい」がわかるのか
橋本治
「美しい」とはどういう心の働きなのか？「合理性」や「カッコよさ」とはどう違うのか？　日本の古典や美術に造詣の深い、活字の鉄人による「美」をめぐる人生論。

569
無思想の発見
養老孟司
日本人はなぜ無思想なのか。それはつまり、「ゼロ」のようなものではないか。「無思想の思想」を手がかりに、日本が抱える諸問題を論じ、閉塞した現代に風穴を開ける。

1039
社会契約論
――ホッブズ、ヒューム、ルソー、ロールズ
重田園江
この社会の起源には何があったのか。ホッブズ、ヒューム、ルソー、ロールズの議論を精密かつ大胆に読みなおし、近代の中心的思想を今に蘇らせる清冽な入門書！

1409
不道徳的倫理学講義
――人生にとって運とは何か
古田徹也
私たちの人生を大きく左右するにもかかわらず、倫理学では無視されがちな「運」をめぐる是非。それらの議論を古代から現代までたどり、人間の生の在り方を探る。

1688
社会主義前夜
――サン＝シモン、オーウェン、フーリエ
中嶋洋平
格差によって分断された社会を、どのように建て直していくべきなのか。革命の焼け跡で生まれた、〝空想的〟でも〝社会主義〟でもない三者の思想と行動を描く。

395
「こころ」の本質とは何か
――統合失調症・自閉症・不登校のふしぎ
シリーズ・人間学⑤
滝川一廣
統合失調症、自閉症、不登校――。これら三つの「こころ」の姿に光を当て、「個的」でありながら「共同的」でもある「こころ」の本質に迫る、精神医学の試み。

ちくま新書

399 教えることの復権 大村はま／苅谷剛彦・夏子

詰め込みかゆとり教育か。今再びこの国の教育が揺れている。教室と授業に賭けた一教師の息の長い仕事を通して、もう一度正面から「教えること」を考え直す。

1014 学力幻想 小玉重夫

日本の教育はなぜ失敗をくり返すのか。その背景には、子ども中心主義とポピュリズムの罠がある。学力をめぐる誤った思い込みを抉り出し、教育再生への道筋を示す。

1337 暴走する能力主義 ——教育と現代社会の病理 中村高康

大学進学が一般化し、いま、学歴の正当性が問われている。〈能力〉のあり方が揺らぐ現代を分析し、私たちが生きる社会とは何なのか、その構造をくっきりと描く。

1451 大学改革の迷走 佐藤郁哉

シラバス、PDCA、KPI……。大学改革にまつわる政策は理不尽、理解不能なものばかり。なぜそういった改革案が続くのか？ その複雑な構造をひもとく。

1468 国語教育 混迷する改革 紅野謙介

実用文と複数資料を扱う「大学入学共通テスト」の構造的欠陥とは。論理と文学を切り分けた「新学習指導要領」の行方は。歪められつつある国語教育の未来形を考える。

1511 学力格差を克服する 志水宏吉

学力格差の実態はどうなっているのか？ それを克服するにはどうすればよいのか？ 「学力保障」の考え方や学校の取り組みなどを紹介し、解決に向け考察する。

1549 日本の教育はダメじゃない ——国際比較データで問いなおす 小松光／ジェルミー・ラプリー

「いじめや不登校」「ゆとり教育の失敗」……日本の教育への数々の批判は本当なのか？ 気鋭の２人が国際比較データを駆使して教育問題に新たな視点を提供する。

ちくま新書

294
デモクラシーの論じ方
――論争の政治
杉田敦
民主主義、民主的な政治とは何なのか。あまりに基本的と思える問題について、一から考え、デモクラシーにおける対立点や問題点を明らかにする、対話形式の試み。

465
憲法と平和を問いなおす
長谷部恭男
情緒論に陥りがちな改憲論議と冷静に向きあうには、そもそも何のための憲法かを問う視点が欠かせない。この国のかたちを決する大問題を考え抜く手がかりを示す。

594
改憲問題
愛敬浩二
戦後憲法はどう機能してきたか。改正でどんな効果が期待できるのか。改憲論議にはこうした実質を問う視角が欠けている。改憲派の思惑と帰結をクールに斬る一冊！

925
民法改正
――契約のルールが百年ぶりに変わる
内田貴
経済活動の最も基本的なルールが、制定から百年を経て抜本改正されようとしている。なぜ改正が必要とされ、具体的に何がどう変わるのか。第一人者が平明に説く。

984
日本の転機
――米中の狭間でどう生き残るか
ロナルド・ドーア
三〇～四〇年後、米中冷戦の進展によって、世界は大きく変わる。太平洋体制と並行して進展する中東の動きを分析し、徹底したリアリズムで日本の経路を描く。

1176
迷走する民主主義
森政稔
政権交代や強いリーダーシップを追求した「改革」がもたらしたのは、民主主義への不信と憎悪だった。その背景に何があるのか。政治の本分と限界を冷静に考える。

1241
不平等を考える
――政治理論入門
齋藤純一
格差の拡大がこの社会に致命的な分断をもたらしている。不平等の問題を克服するため、どのような制度を共有すべきか。現代を覆う困難にいどむ、政治思想の基本書。

ちくま新書

710
友だち地獄
――「空気を読む」世代のサバイバル
土井隆義
周囲から浮かないよう気を遣い、その場の空気を読もうとするケータイ世代。いじめ、ひきこもり、リストカットなどから、若い人たちのキツさと希望のありかを描く。

718
社会学の名著30
竹内洋
社会学は一見わかりやすそうで意外に手ごわい。でも良質の解説書に導かれれば知的興奮を覚えるようになる。30冊を通して社会学の面白さを伝える、魅惑の入門書。

772
学歴分断社会
吉川徹
格差問題を生む主たる原因は学歴にある。そして今、日本社会は大卒か非大卒かに分断されてきた。そのメカニズムを解明し、問題点を指摘し、今後を展望する。

802
心理学で何がわかるか
村上宣寛
性格と遺伝、自由意志の存在、知能のはかり方……。これらの問題を考えるには科学的方法が必要だ。俗説や疑似科学を退け、本物の心理学を最新の知見で案内する。

817
教育の職業的意義
――若者、学校、社会をつなぐ
本田由紀
このままでは、教育も仕事も、若者たちにとって壮大な詐欺でしかない。教育と社会との壊れた連環を修復し、日本社会の再編を考える。

941
限界集落の真実
――過疎の村は消えるか?
山下祐介
「限界集落はどこも消滅寸前」は嘘である。危機を煽り立てるだけの報道や、カネによる解決に終始する政府の過疎対策の誤りを正し、真の地域再生とは何かを考える。

971
夢の原子力
――Atoms for Dream
吉見俊哉
戦後日本は、どのように原子力を受け入れたのか。核戦争の「恐怖」から成長の「希望」へと転換する軌跡を、緻密な歴史分析から、ダイナミックに抉り出す。

ちくま新書

1242
LGBTを読みとく
——クィア・スタディーズ入門
森山至貴
広まりつつあるLGBTという概念。しかし、それだけでは多様な性は取りこぼされ、マイノリティに対する差別もなくならない。正確な知識を得るための教科書。

1190
ふしぎな部落問題
角岡伸彦
もはや差別だけでは語りきれない。部落を特定する膨大なネット情報、過敏になりすぎる運動体、同和対策事業の死角。様々なねじれが発生する共同体の未来を探る。

1162
性風俗のいびつな現場
坂爪真吾
熟女専門、激安で過激、母乳が飲めるなど、より生々しくなった性風俗。そこでは、どのような人たちが、どのような思いで働いているのか。その実態を追う。

1324
サイコパスの真実
原田隆之
人当たりがよくて魅力的。でも、息を吐くようにウソをつく……。そんな「サイコパス」とどう付き合えばいいのか？　犯罪心理学の知見から冷血の素顔に迫る。

1371
アンダークラス
——新たな下層階級の出現
橋本健二
就業人口の15％が平均年収186万円。この階級の人々はどのように生きているのか？　若年・中年、女性、高齢者とケースにあわせ、その実態を明らかにする。

1528
レイシズムとは何か
梁英聖
「日本に人種差別はあるのか」。実は、この疑問自体が差別を生み出しているのだ。「人種」を表面化させず、差別を扇動し、社会を腐敗させるその構造に迫る。

1489
障害者差別を問いなおす
荒井裕樹
「差別はいけない」。でも、なぜ「いけない」のかを言葉にする時、そこには独特の難しさがある。その理由を探るため差別されてきた人々の声を拾い上げる一冊。